신기한 꿈의 여행

대한과학진흥회 _엮음

스완미디어
SWAN MEDIA

책 머리에

오늘날 우리들은 고도로 발달된 과학 문명의 혜택 속에 살고 있습니다.

우리의 선진 조국 창조를 위해 무엇보다 중요한 것이 과학기술의 개발입니다. 특히 자원이 부족한 우리나라에서 가꾸어야 할 유일한 자원은 과학 기술로 무장한 풍부한 인력 자원입니다.

대한 과학 진흥회에서는 배우는 학생들을 위해 사물을 깊이 관찰하는 습관과 합리적이고 창의적인 과학적 사고를 심어 주기 위한 방법의 하나로 과학 문고를 엮어 내고 있습니다.

과학 문고를 펴냄에 있어서 딱딱한 과학지식을 그림을 곁들여 쉽고 재미있게 이야기로 풀어 써서 학생들이 스스로 원리를 발견하고 재미를 느끼게 함으로써 과학의 여러 분야에 대하여 흥미를 갖고 접근할 수 있도록 하였습니다.

이 책과 더불어 많은 학생들이 과학에 깊은 관심을 갖고 탐구심과 창의력을 기르며 과학을 생활화 할 줄 아는 사람이 되는데 많은 도움이 되었으면 하고 바라는 마음 간절합니다.

기획편찬 **대한과학진흥회**

차례

잠이란 무엇일까요?

하루도 빠지지 않고 매일 우리를 찾아오는 '잠'은 과연 무엇일까요?

자리에 편히 누워서 눈을 감고 쌔근쌔근 숨을 쉬고 있으면 잠이 든 것일까요?

잠이 과학적으로 연구되기 전까지는 그러한 모습이 잠이라고 생각되어졌습니다. 몸과 마음이 편히 쉬는 상태가 바로 잠이 든 상태라고 표현되었지요.

갓난아기는 젖을 먹는 시간에만 깨어 있을 뿐, 거의 하루 종일 잠을 잡니다. 사람은 커갈수록 잠자는 시간이 줄어듭니다. 할머니나 할아버지들께서는 저녁 일찍 잠드시

지만, 얼마 되지 않아 잠에서 깨어나십니다.

사람들의 잠도 이렇게 종류가 다양하지만, 다른 동물들의 잠도 제각기 다릅니다.

사람을 대상으로 하여 잠을 연구할 때는, 필요한 전기장치를 몸에 붙인 후 마음대로 잠을 자게 합니다.

관찰 대상으로 뽑힌 사람은 실컷 잠을 자는 것이 임무입니다. 그러나 잠을 연구하는 과학자들은 관찰대상이 잠에서 깨어날 때까지 절대로 잠을 자서는 안됩니다.

사람을 관찰 대상으로 뽑을 때가, 동물을 관찰 대상으

로 뽑을 때보다 더 편하다고 주장하는 과학자도 있습니다.

거의 대부분의 사람들이 하루에 한번만 잠을 자기 때문이라는 것이지요.

동물들은 하루에도 몇 번씩 잠을 잡니다. 하루 중에 동물이 언제 잠들고 언제 깨어날지, 아무도 모릅니다. 그것은 관찰 대상으로 뽑힌 동물의 마음대로 되어지는 일입니다.

그래서 동물의 잠을 관찰해야 할 때에는, 과학자들은 아예 잠잘 생각을 하지 않는다고 합니다. 동물의 자는 모습이 들여다보이는 유리창을 지켜보며, 어서 관찰 시간이 끝나기만을 기다린다는 것입니다.

뇌파가 발견된 때는 1929년입니다.

잠에 대한 본격적인 연구도 뇌파가 발견되면서부터 시작되었습니다.

잠은 크게 두 가지로 나뉩니다.

'서파수면' 과 '역설수면' 입니다.

잠이 막 들기 시작하면서부터 나타나는 현상을 '서파수면' 이라고 합니다.

나는 잠만 자면
되는 거야
동물은
언제 잠을 잘지
모르니까
힘들구나

서파수면은 뇌파의 형태에 따라 제1도에서부터 제4도까지 나뉘어 집니다.

잠은 서파수면의 제1도에서부터 시작됩니다. '얕은 잠' 혹은 '선잠 들었다' 라고 말하는 경우가 서파수면의 제1도에 해당됩니다.

잠은 점점 깊어져서, 서파수면의 제4도가 되면 제일 깊은 잠의 상태가 됩니다.

서파수면 때에 나타나는 뇌파의 종류는 아주 다양합니다.

서파수면의 제1도에서는, 깨어 있을 때에 나타나는 알파파가 나타납니다.

알파파는 잠이 깊어지면서 약해지기 시작합니다.

서파수면의 제2도에 들어갈 무렵이 되면, 알파파는 거의 없어집니다.

서파수면의 제2도에 나타나는 뇌파는 방추파입니다. 방추파는, 그래프에 나타나는 물결의 폭이 커지기도 하고, 작아지기도 하는 특성이 있습니다.

방추파와는 달리 매우 분명하면서도 특이한 모양을 나타내는 K복합파라는 뇌파도 나타납니다.

서파수면의 제3도가 되면 델타파가 나타납니다.

델타파가 뇌파를 기록하는 가로 30cm의 종이에 절반 정도 그려지면, 그 때부터 잠은 서파수면의 제4도로 들어갑니다. 아주 깊은 잠이 되는 것이지요.

서파수면의 제4도 단계가 끝나면, 잠은 서파수면의 길을 되돌아갑니다.

즉, 서파수면의 제4도에서, 제3도, 제2도, 제1도의 단계로 되돌아가는 것입니다.

서파수면이 한 바퀴를 돌아오면, 잠은 '역설수면'의 단계로 이어집니다.

즉 '역설수면'은 서파수면이 끝난 뒤 이어지는 잠의 과정입니다.

역설수면 때에 나타나는 뇌파는, 서파수면의 제1도 때에 나타나는 뇌파와 비슷합니다.

또한 역설수면 때에는 눈동자가 무척 빠르게 움직입니다. 맥박도 빨리 뛥니다. 그러나 숨은 낮고 불규칙하게 쉬어집니다.

미국의 과학자 하르트먼은 역설수면이 90분마다 한번씩 나타난다고 주장하였습니다.

잠이 들면, 제일 먼저 서파수면 상태가 됩니다.

서파수면의 제1도에서 제4도 상태까지 되었다가, 다시 제1도 상태로 되었을 때 찾아드는 것이 역설수면 이지요.

한 번의 역설수면이 끝나면 잠은 다시 서파수면의 상태가 됩니다. 이 서파수면이 끝나면, 다시 역설수면의 상태가 되는 것이지요. 이때 걸리는 시간이 90분이라는 것이 하르트먼의 주장입니다.

그러므로 사람이 한번 잠을 자는 동안에는 몇 번의 서파수면과 역설수면이 되풀이되는 것입니다.

잠이 든 지 얼마 되지 않은 시간에 찾아오는 서파수면은 항상 제1도에서부터 제4도의 단계까지 되풀이됩니다.

그러나 잠이 깰 무렵이 되면, 서파수면은 제1도에서 시작하여 제3도까지만 가거나, 제2도 단계에서 다시 제1도로 되돌아와 버립니다.

서파수면의 과정이 어떠하던지, 되돌아온 서파수면의 제1단계 뒤에는 역설수면이 찾아옵니다.

날이 밝아 잠이 깰 무렵이 되면, 역설수면의 상태가 오래 계속됩니다.

역설수면은 잠이 든 것도 아니고, 잠에서 깨어난 것도

쿨
잠이 막 들기 시작하면 서파수면에 해당되는데 제1도~제4도 까지 있어요
얕은잠은 서파수면의 제1도, 제일깊은 잠은 제4도
서파수면이 끝나면 역설수면...

아닌 상태라고 말할 수 있습니다.

잠이 든 상태가 아니라고 보는 이유는, 역설수면 때에 일어나는 눈동자의 움직임 때문입니다.

잠을 연구하는 과학자가 역설수면을 발견했던 원인도 바로 '눈동자의 움직임' 때문입니다.

역설수면이 발견되기 전까지는 잠에 대해서 모두 같은 생각을 하고 있었습니다.

"몸과 마음이 피곤할 때 저절로 찾아드는 신경마비가 잠이다."

즉, 정신도 휴식을 취하고 몸의 모든 부분도 행동을 멈추고 편히 쉬는 것이 바로 잠이라는 생각이었습니다.

그러나 시카고 대학 교수인 클레이트먼 박사는, 잠든 갓난아기를 들여다보다가, 아기의 눈알이 움직이는 것을 보고 깜짝 놀랐습니다.

"이상한 일이군. 아기는 분명히 잠든 상태란 말이야. 잠든 상태라면 몸의 모든 부분이 움직이지 않아야 할 텐데 아기의 눈알이 왜 움직일까……?"

클레이트먼 박사는 이 현상이 잠의 깊이와 성질에 관계된 것이 아닐까 하고 추측해 보았습니다.

클레이트먼 박사는 이 의문을 풀기 위해서, 조수인 아젤린스키에게 연구해 보라고 지시했습니다.

아젤린스키를 중심으로 하여 모인 잠에 대한 연구팀들은 여러 가지 놀라운 사실을 발견할 수 있었습니다.

즉, 아무것도 하지 않고 누워서 쉬는 상태인 줄 알았던 '잠'이 그렇지 않다는 사실을 밝혀내었던 것입니다.

"잠을 자는 동안에 우리의 몸이 이렇게 많은 일을 한단 말이지……?"

"맞아. 잠을 잔다는 것은 단순히 쉬는 상태가 아니야. 잠을 자는 동안에 일어나는 일들은 아주 많다구! 코도 골지, 이도 갈지, 잠꼬대도 하지……."

"그것뿐만이 아니야. 몽유병도 있잖아. 잠자면서 걸어 다니는 병 말이야."

잠에 대한 관찰을 시작하면서부터 흥미진진한 사실은 계속 발견되었습니다.

관찰 대상으로 뽑힌 사람이 깊은 잠에 빠질 무렵인데도, 눈알을 빨리 움직이자 연구팀들은 그 사람을 깨워 물어 보았습니다.

"지금 꿈을 꾸지 않으셨습니까?"

"예, 맞습니다. 전 방금까지 꿈을 꾸고 있었지요. 그런데 그걸 어떻게 아셨습니까?"

"당신의 눈알이 아주 빠른 속도로 움직이는걸 보고 짐작했지요."

"내 눈알이 움직였다구요? 전 분명히 잠을 자고 있었는데요!"

잠에서 깨어난 사람은 깜짝 놀라 외쳤습니다.

"걱정마십시오. 모든 사람에게서 일어나는 현상이니까요. 지금까지 우리는 잠에 대해서 잘못 생각했던 부분이 아주 많습니다."

아젤린스키가 설명해 주자, 그제서야 그 사람은 안심했다는 듯 고개를 끄덕였습니다.

"이건 아주 놀라운 발견이군. 잠을 자는 동안에는 뇌도 휴식을 취하고 있는 줄 알았는데, 잘못된 생각이었어. 분명히 잠자는 동안에도 뇌는 움직인다. 꿈을 꾼다는 것이 바로 그 증거가 아니겠나?"

"맞아. 그러니 우리가 발견한 이 사실에 이름을 붙이자. '부활수면' 이라고 말야. 잠자는 동안에 죽은 듯 가만히 있는 것으로만 알았던 뇌가 활발히 움직인다는 뜻으로 '부활수면' 이라고 부르는 거야."

"좋아!"

이렇게 해서 꿈을 꾸는 동안의 잠에 '부활수면' 이라는 이름이 붙여졌습니다.

얼마 후, 프랑스의 주베 박사는 새로운 사실을 알아내었습니다.

"이상한 일이군……. '부활수면' 상태인데도 근육의 긴장은 모두 없어져 버렸단 말이야! 이것은 근육이 뇌의 명

령을 받지 못하기 때문에 일어나는 일이지. 그러므로 '부활수면' 이라고 해서 뇌의 모든 기능이 살아 있는 것은 아니야. 이 이름은 적당하지 않아!"

주베 박사는 '부활수면' 을 '역설수면' 이라고 바꾸어 불러야 한다고 주장했습니다.

꿈을 꾸는 현상으로 보면 뇌가 움직이는 것이 증명되지만, 반대로 근육의 긴장이 풀어지는 현상으로는 뇌가 쉬고 있다는 사실을 증명할 수 있기 때문입니다.

'역설' 이란 말은 두 가지의 반대되는 상태를 통틀어 표현하는 뜻을 가지고 있습니다.

이 때부터 잠은 '서파수면' 과 '역설수면' 으로 나누어졌습니다.

평탄하게 숨을 쉬며 휴식을 취하는 상태의 잠을 '서파수면' 이라고 부르며, 꿈을 꾸는 등의 변화가 생기는 상태의 잠을 '역설수면' 이라고 부르게 된 것입니다.

역설수면은 침팬치나 원숭이, 개, 쥐, 양, 염소, 토끼 등의 동물을 대상으로 관찰하였을 때도 나타났습니다.

그러나 조류와 파충류의 잠에서는 역설수면이 나타나지 않았다고 합니다.

역설수면이 나타나지 않는다는 것은 바꾸어 말하면, 오로지 잠만 잔다는 것입니다. 그러므로 새나 도마뱀은 꿈을 꿀 수 없다는 말이지요.

동물들은 모두 잠을 잘까요?

사람이 잠을 자야 살 수 있는 것은 분명한 사실입니다.

그렇다면 동물들도 잠을 잘까요?

우리가 흔히 볼 수 있는 동물들은 모두 잠을 자는 것처럼 보입니다.

개도 잠을 자고, 고양이도 잠을 잡니다. 닭도 잠을 잡니다.

그렇다면 금붕어는 잠을 잘까요?

또, 지렁이나 도롱뇽도 잠을 잔다고 말할 수 있을까요?

집에서 키우고 있는 금붕어를 관찰해 보면 잠을 자는 것처럼 가만히 있을 때가 있습니다.

잠이 뇌파에 의해서 과학적으로 연구되기 전까지만 해도, 금붕어의 이러한 모습은 잠을 자는 것에 속했습니다.

즉, 어류 이상의 동물들은 모두 잠을 잔다고 생각되었던 것입니다.

그러나 잠이 과학적으로 연구 발표된 이후부터는 상황이 달라졌습니다.

"잠은 뇌파에 의해서 측정되어지는 것으로 서파수면과 역설수면으로 나뉜다."

과학적으로 정의된 이 경우에 해당되지 않으면, 잠이라고 부를 수 없게 된 것입니다.

이처럼 뇌파를 조사하여 잠을 자는 동물로 인정되는 것은 파충류 이상의 동물입니다.

즉, 뱀이나 거북이 도마뱀 이상으로 진화된 동물들은 잠을 자지만, 개구리나 도롱뇽 이하의 동물은 잠을 잔다고 말할 수 없다는 것이지요.

그래서, 어항 속에 가만히 멈추어 선 금붕어도 '잠을 잔다' 라고 확실하게 말할 수는 없다고 합니다.

참으로 이상한 말이지요?

개구리는 분명히 '겨울잠' 을 자는 동물인데, 잠을 자지

않는다니 말이에요.

개구리나 금붕어가 잠을 자는 것처럼 보일 때는 그저 '가만히 있는 상태' 일 뿐입니다.

이 때의 뇌파를 조사해 보면, 아무 특징도 발견되지 않습니다. 그러므로 서파수면도, 역설수면도 없는 것이지요.

잠든 상태임을 알리기 위해서는, 뇌로부터 서파수면이

나 역설수면 중임을 알려 주는 뇌파가 나와야 합니다.

양서류 이하의 하등동물에서는 잠의 상태를 표시해 주는 뇌파가 나오지 않습니다. 그러므로 하등동물은 과학적인 잠을 자지 않는다고 결정되는 것입니다.

똑같이 겨울잠을 자는 동물일지라도, 곰이 자는 겨울잠과 개구리가 자는 겨울잠은 아주 다릅니다.

곰은 겨울잠을 자면서 다가올 봄에 대해서 꿈꿀 수도 있고, 자세가 불편하면 돌아누울 수도 있습니다.

개구리의 경우는 위와 다릅니다.

겨울잠을 자기 위해서 땅 속으로 들어간 개구리는 그대로 봄이 될 때까지 머물러 있는 것에 불과합니다.

개구리는 '봄이 왔을까…?' 하고 상상해 보지도 못합니다. 그저 봄이 되어 땅이 풀려지면 그제서야 깜짝 놀라 땅 위로 뛰쳐나오는 것입니다.

곰은 겨울잠을 자면서 가끔 생각에 빠지기도 합니다.

"밖에는 따뜻한 봄이 왔는데, 그것도 모르고 난 계속 잠만 자고 있는 것이 아닐까…?"

"배가 고픈 것 같아. 먹이를 좀 많이 먹어 둘 걸…. 밖으로 한번 나가 볼까…?"

이러한 곰의 생각들은 역설수면 때 일어나는 현상일 것입니다.

이럴 때면, 곰은 꽃들이 만발한 봄 언덕을 꿈꾸거나 도토리가 잔뜩 떨어져 있는 상수리나무 숲을 꿈꿀 테지요.

잠을 자는 동물이라고 과학적으로 불리어지는 동물들도 사람만큼 잠이 발달되지는 않은 경우가 많습니다.

잠의 종류 중에서 가장 많은 비밀을 가지고 있는 것은 역설수면입니다.

동물의 잠을 관찰하여 보면, 역설수면은 파충류 이상의 고등동물에서 나타납니다.

똑같은 파충류이지만, 거북이의 잠에서는 역설수면이 나타나지 않습니다.

파충류에서는 큰도마뱀의 잠에서 역설수면이 발견되었습니다. 하지만 큰도마뱀의 역설수면은 뇌파에서 발견된 현상이 아닙니다.

큰도마뱀도 양서류나 거북이처럼 뇌파의 변화를 보이지 않습니다.

큰도마뱀도 역설수면을 한다는 이유는 잠잘 때 눈알을 움직이기 때문입니다.

그래서 어떤 과학자들은 큰도마뱀이 역설수면을 하지 않는다고 주장하기도 합니다.

닭을 비롯한 조류의 역설수면 시간은 아주 짧아서, 15초 정도밖에 되지 않습니다.

조류는 역설수면을 할 때에도 근육의 긴장이 완전히 풀어지지 않습니다

만일 새가 잠들었을 때 근육의 긴장이 완전히 풀어진다고 생각해 봅시다.

어떤 일이 벌어질까요?

새들은 거의 나뭇가지 위에 앉아 잠을 잡니다. 물론 둥지 안에서 잠을 잘 때도 있지요.

하지만 새를 비롯한 동물들은 사람처럼 하루에 한 번 몇 시간 동안 계속 잠을 자지 않습니다.

대부분의 동물들은 잠깐 잠깐 시간이 날 때마다 하루에도 몇 번씩 자주 잠을 잡니다.

새의 경우도 마찬가지입니다.

둥지에서 멀리 떨어진 곳까지 날아갔다가, 날개에 힘이 빠져 쉬어야 할 때에는 우선 적당한 나뭇가지에 내려앉습니다.

새는
잠잘때도
나무에서
떨어지지 않아
잠을 잘때도
근육의 긴장을
풀지않기 때문이죠
대신 잠깐 잠깐
자주 잠을
자는구나

누구나 피곤하면, 잠이 오게 마련입니다. 먼 거리를 날아다니느라고 피곤에 지친 새도 깜빡 잠이 들게 되지요.

만일 이 때에 근육의 긴장이 풀어진다면, 그 새는 나뭇가지를 쥐고 있는 발가락에 힘이 빠져 나무에서 떨어져 버릴 것입니다.

하지만 이러한 경우를 본 사람은 아직 아무도 없는 듯합니다.

'나무에서 떨어진 원숭이' 라는 말을 많이 들었지만, '나뭇가지에서 떨어진 새' 라는 말은 들어 본 적이 없으니 말입니다.

포유류에 속하는 동물들의 잠에서는 역설수면이 뚜렷하게 나타납니다.

동물원에 사는 코끼리의 잠자는 모습을 관찰한 과학자의 이야기도 재미있습니다.

그 동물원에는 네 마리의 코끼리가 살고 있었습니다.

코끼리의 나이는 각각 5살, 12살, 15살, 35살이었습니다.

나이가 많은 코끼리일수록 잠을 자지 않아서, 15살과 35살의 코끼리는 바닥에 잘 눕지 않았다고 합니다.

그러나 5살 먹은 코끼리와 12살 먹은 코끼리는 하룻밤에 2~4시간동안을 누워서 잠을 잤다고 전해집니다.

이 젊은 두 마리의 코끼리는 잠을 자면서 가끔 거세게 숨을 몰아쉬기도 하고, 꼬리나 다리 등을 움직이기도 하였습니다. 눈알도 빠르게 움직였습니다. 이러한 상태가 관찰됨에 따라, 코끼리의 잠에서도 역설수면이 나타난다는 것이 증명되었습니다. 즉, 코끼리도 잠을 자면서 꿈을 꾼다고 말할 수 있는 것입니다.

코끼리의 역설수면 시간은 5살 코끼리가 21분, 12살 코끼리가 40분이었습니다. 역설수면이 찾아오는 간격도 차이가 났습니다. 5살 코끼리는 96분마다 역설수면 상태가 되었는데, 12살 코끼리는 12분마다 역설수면 상태가 되었습니다.

즉, 12살 먹은 코끼리가 5살 먹은 코끼리보다 더 자주, 더 오랜 시간 동안 꿈을 꾼 셈이 되는 것이지요.

잠을 자는 동물이라고 할지라도, 잠을 자는 시간과 형태는 제각기 다릅니다.

풀을 먹고 사는 소나 양 등의 초식동물들은 잠을 자는 시간이 아주 짧습니다.

초식동물은 먹이를 먹는데 걸리는 시간이 많기 때문에, 잠잘 시간이 줄어드는 것입니다.

토끼나 흰쥐 등의 설치류 동물은 꽤 오랜 시간을 잡니다. 그러나 이 동물들도 깊은 잠을 자는 고양이보다 훨씬 짧습니다.

집토끼의 잠을 관찰해 보면, 뇌파의 변화와 눈알의 움직임 등은 나타나지만, 몸에 있는 근육의 긴장은 풀리지 않고 그대로 계속 된다고 합니다. 이것은 닭의 경우와 비슷합니다.

동물들의 잠은 사람의 잠과 성격이 조금 다릅니다.

사람의 경우는 서파수면 제4도에 이르렀을 때가 가장 깊은 잠입니다.

그러나 동물은 역설수면에 이르렀을 때가 가장 깊이 잠든 상태입니다.

수염을 움직이거나, 잠꼬대를 하는 것처럼 보일 때가 바로 역설수면에 들어간 상태입니다.

이 때에 동물의 잠을 깨우려면 아주 센 자극을 주어야 합니다. 큰 소리를 내거나, 세게 때려야 겨우 게슴츠레 눈을 뜹니다.

하지만 눈을 뜬 것은 잠깐동안 뿐입니다. 다른 자극이 계속 이어지지 않는 한, 동물은 눈을 감고 잠시 끊어졌던 잠을 이어갑니다.

어떤 고양이는 역설수면 때 깨워 보려고 몸을 통째로 들어올려도, 축 늘어진 채 잠을 자기도 합니다.

역설수면이 끝난 직후에 깨워진 원숭이는 감각이 매우 예민합니다. 냄새도 잘 맡고 운동신경도 빠르게 작용합니다. 역설수면에 들어간 동물은 사람과 마찬가지로 꿈을 꾸게 됩니다.

동물들이 꾸는 꿈의 내용을 사람이 정확하게 알아차릴 수는 없습니다.

동물과는 말이 통하지 않기 때문입니다.

아무리 자세하고 세밀하게 동물의 잠을 관찰한다고 해도, 사람은 잠든 상태의 동물을 밖에서만 볼 수 있습니다.

동물의 뇌에서 나오는 뇌파와 겉모습으로 보이는 특징만으로, 그 동물의 상태를 짐작할 수밖에 없는 것이지요.

관찰 대상인 동물이 눈알을 움직인다든가, 수염이나 발을 움직이기 시작하면 그제서야 역설수면상태가 되었다고 알아차립니다.

그러나 사람이 할 수 있는 일은 그것뿐입니다.

역설수면에 들어간 동물을 깨워서, 무슨 꿈을 꾸었느냐고 물어볼 수는 없는 일입니다. 동물도 사람의 말을 알아듣지 못하고, 사람 역시 동물이 꿈꾼 내용을 이야기해 준다고 하더라도 알아듣지 못할 것이기 때문입니다.

과학자들은, 역설수면에 들어간 동물을 깨웠을때, 그 동물이 취하는 특이한 행동으로 동물의 꿈을 추측합니다.

리버스라는 이름의 과학자는 동물이 꾸는 꿈에 대해서

이렇게 말했습니다.

“동물들은 자기에게 닥쳐올 위험을 꿈에서 알아차릴 것입니다. 꿈의 내용이야 어찌 되었든지 간에, 동물들은 꿈을 꾸는 상태가 되면, ‘이제 곧 위험이 닥치겠구나 조심해야겠다’ 하는 생각이 저절로 들게 되리라는 것이죠. 즉, 동물의 꿈이란, 동물들의 몸을 지켜 주는 사이렌 소리 같은 것이라고 말할 수 있습니다.”

리버스의 이 생각은 스나이더라는 과학자에게 이어져, ‘파수설’ 이라는 제목으로 주장되었습니다.

리버스가 동물들의 꿈에 대해서 자기의 생각을 발표했을 때는, 잠이 과학적으로 연구되기 전이었습니다.

따라서 서파수면이니, 역설수면이니 하는 말도 없었지요.

잠에 대한 연구가 진행되면서부터, 리버스와 스나이더의 ‘파수설’ 은 점점 힘이 없어졌습니다.

여러 가지 연구 결과가 발표되어, ‘파수설’ 이 옳지 않다는 것을 증명해 보였던 것입니다.

어떤 과학자들은 ‘적응설’ 이라는 제목으로 자기의 생각을 발표하였습니다.

적응설의 내용은, 방어력이 없는 약한 동물일수록 역설수면의 양이 적다는 것입니다.

역설수면 상태가 되면, 위험이 닥쳐와도 잠에서 깨어나기 힘들기 때문에, 약한 동물들은 깊은 잠을 자지 못한다는 것이지요.

적응설은 파수설과 거의 반대되는 내용이기도 합니다.

적응설에 해당하는 동물들은 쥐, 토끼, 새, 양, 소 등입

니다.

이에 비해서 개나 고양이는 역설수면의 양이 많은 편에 속합니다.

개나 고양이는 자기 몸을 지킬 수 있는 능력이 많기 때문에, 깊은 잠에 빠지더라도 안심할 수 있다는 것이지요.

적응설에 미루어 본다면, 사람도 역설수면의 양이 많으므로 강한 편에 속한다고 말할 수 있습니다.

결국 적응설의 내용은, 생명유지를 하려는 동물의 본능

에 따라 제각기 적응하는 기본 원리에 따라 주장되어진 것이라고 말할 수 있습니다.

이와 같은 동물들의 연구는 자연 상태에서 이루어진 것은 아닙니다.

관찰 대상의 동물을 실험실에 가두어 놓고 관찰하거나, 때에 따라서는 수술을 하면서까지 억지로 관찰한 내용이기 때문에 사실과 다른 결과가 나올 수도 있습니다.

앞으로 과학 기술이 더욱 발달하여, 레이다나 텔레미터 등의 전자공학 기계가 개발된다면 자연상태의 동물을 관찰할 수 있게 될 것입니다.

그 때가 되면, 동물의 잠에 대해서도 새로운 사실들이 발견될 것이므로, 기대해 보아도 좋을 듯합니다.

갓난아기의 잠

갓 태어난 아기를 관찰해 보면, 거의 하루 종일 잠을 잔다고 할 수 있습니다.

아기가 세상에 태어나기 전에는 어머니의 뱃속에서 잠을 잡니다.

이 때의 잠은 거의 모두 역설수면에 속합니다.

즉, 아기의 생각은 잠에 취해 있지만, 움직임이라든가 뇌파의 특성은 역설수면에 해당하는 것입니다.

그러므로, 어머니의 뱃속에서 자라고 있는 아기는 항상 움직이고 있으며, 자기 나름대로의 꿈도 꾸고 있을 것입니다.

아기의 잠을 연구하는 것도 무척 어려운 일입니다.

아기의 잠은 모두 비슷비슷하여, 잠의 특징을 관찰하기가 어렵습니다.

젖을 먹는 어린 아기의 잠은 정수면, 중간수면, 역설수면으로 구분합니다.

어른과 똑같은 기준으로 아기의 잠을 분류하려면, 아기가 최소한 6개월 정도 자라야 합니다.

어른의 경우에는, 서파수면이 온 다음에 역설수면이 옵니다. 서파수면에 앞서 역설수면이 먼저 오는 경우는 없습니다.

아기의 경우에는 이와 다릅니다.

아기들은 잠이 들자마자 곧바로 역설수면의 상태가 됩니다.

이것은 동물의 경우와 비슷한 현상입니다.

아기가 태어나서 한 달이 될 때까지는 낮과 밤의 구별이 없이 깨었다가 잠드는 과정을 되풀이합니다.

그러나 태어나서 한 달이 지난 아기들은 점점 잠자는 시간을 밤으로 미뤄 나갑니다. 낮에는 깨어 있는 시간이 많고, 잠자는 시간은 밤이 되어 가는 것이지요.

어린 아기의 하루 생활은 매우 간단합니다.

잠에서 깨어 놀다가, 젖을 먹고, 잠이 듭니다. 잠을 자다가 배가 고프면 저절로 잠에서 깨어나지요. 배가 부르면 다시 잠이 듭니다.

아기의 이러한 생활은 뇌의 발달에서 생겨나는 것입니다.

갓 태어난 아기는 뇌의 다른 부분은 발달하지 않고, 배고픔을 느끼는 부분만 발달되어 있습니다.

뇌의 다른 부분들은 아기가 자람에 따라 서서히 잠에서 깨어나 제 몫의 일을 하게 됩니다.

아기가 처음 태어났을 때는, 뇌뿐만이 아니라 몸의 다른 부분도 발달되지 않은 상태입니다.

그래서 갓난아기들은 포유류의 다른 동물들과 비슷한 점이 많습니다.

잠을 연구하는데 가장 많이 사용되고 있는 동물인 고양이도 배가 고프면 잠에서 깨어납니다.

아기들은 잠이 올 무렵이 되면 칭얼대며 보채기 시작합니다. 이 때의 아기 손을 만져 보신 적이 있습니까?

아기의 손은 보통 때보다 따뜻할 것입니다.

이번에는 아기의 이마와 머리를 만져 보십시오.

잠이 들 무렵의 아기의 이마는 보통 때보다 더 따뜻한가요, 아니면 차가운가요?

잠이 들 무렵이 되면, 아기의 머리와 이마는 보통때보다 차가워집니다.

고양이도 이와 마찬가지입니다.

잠이 들 무렵의 고양이 발을 만져 보십시오. 어린 아기의 경우처럼 보통 때보다 따뜻할 것입니다.

사람이든, 동물이든 간에 잠이 들 무렵에는 손이 따뜻해집니다.

만일 어린 아기가 킹킹거리며 보챈다면, 손을 한번 만져 보십시오.

아기의 손이 따뜻하다면, 그것은 잠을 자고 싶다는 표시입니다. 그러므로 편안하게 눕혀서 자장가를 불러 준다면, 아주 쌔근쌔근 잠이 들겠지요.

아기들이 잠들어 역설수면 상태가 되면, 손은 더욱 따뜻해집니다.

하지만 이 경우는 태어나서 5개월이 될 동안의 갓난아

기에 해당되는 것입니다.

태어나서 6개월이 지나면서부터 그 전과의 반대 현상이 나타납니다.

즉, 역설수면 상태가 되면, 잠자는 사람의 손은 차가워지는 것입니다. 어른의 경우도 마찬가지입니다.

이와 같은 차이가 생기는 원인은 뇌의 작용 때문입니다.

갓난아기는 뇌가 완전히 발달되지 않은 상태이기 때문에 제 기능을 하지 못하는 것입니다.

어른이라고 할지라도, 식물인간이 된 상태이거나 혼수상태일 경우에는 어린 아기에게서 볼 수 있는 현상이 나타납니다.

뇌가 제 기능을 다하지 못하고 있기 때문입니다.

식물인간의 뇌가 할 수 있는 일은 태어나서 6개월이 된 아기의 뇌가 하는 일과 비슷합니다.

잠을 자고 있을 때 손의 온도가 달라지는 것은, 대뇌피질 때문이라고 과학자들은 말합니다.

손의 온도가 내려가는 이유는 손에 있는 혈관이 줄어들었기 때문입니다.

혈관이 줄어들면 자연히 피의 양도 줄어듭니다.

혈관이 줄어드는 원인은 교감신경이 흥분되었기 때문이라고 말할 수 있습니다. 교감신경은 손에 있는 혈관을 조절하는 역할을 합니다.

교감신경은 대뇌피질의 명령을 받아 움직입니다.

만일 대뇌피질이 어떤 일로 인해서 흥분되었다면, 교감신경은 저도 모르게 바짝 긴장합니다. 이 현상을 '교감신경 긴장증' 이라고 합니다.

교감신경이 긴장하면, 교감신경의 지배를 받고 있는 다른 부분들도 일제히 긴장을 하게 됩니다. 손에 있는 혈관도 마찬가지입니다.

결국 역설수면 상태일 때, 갓난아기의 손이 따뜻해지는 것은 뇌가 흥분했기 때문이라고 말할 수 있습니다.

어린 아기의 뇌는 모든 일에 익숙하지 않기 때문에 자주 흥분합니다.

그래서 어린 아기들의 몸은 자주 온도의 변화를 일으키는 것입니다.

어른이 되면, 뇌도 점점 모든 일에 익숙해지기 때문에 여간해서는 흥분하지 않습니다.

그래서 어른은 어린이보다 몸의 온도가 일정한 것입니다.

갓난아기들은 어른들보다 자라는 속도가 더 빠릅니다.

어른들은 많이 자란다고 해도, 1년에 고작 1~2cm정도 키가 클 뿐입니다.

그러나 갓난아기는 1년에 20cm도 넘게 키가 자랍니다.

갓난아기가 어른보다 더 잘 자라는 까닭은 무엇일까요?

아기들은 잠을 자고 일어났을 때, 부쩍 자란 것처럼 보입니다.

사람이나 다른 동물의 몸을 자라게 하려면 반드시 있어야 할 것이 바로 성장호르몬입니다.

성장호르몬은 아기가 자고 있을 때 가장 많이 나옵니다.

갓난아기는 거의 하루 종일 잠을 잡니다. 이 때 나오는 성장호르몬이 아기의 몸을 크게 만드는 것이지요.

그렇다면, 어른들도 하루 종일 잠만 잔다면 키가 클까요?

그렇지는 않습니다.

아기들이 어느 정도 자라면 무작정 잠만 잔다고 해서

성장호르몬이 끝없이 나오지는 않습니다.

백 일이 지나면, 아기들은 깨어서 노는 시간이 많습니다.

놀다가 지쳐서 잠을 잘 경우, 성장호르몬은 많은 양이 나옵니다.

그러므로 하루 종일 누워 있는 상태에서 깨어 있다가 잠드는 때보다, 몸을 움직이며 실컷 놀다가 피곤에 지쳐서 잠을 잘 때가 훨씬 더 많이 자라게 되는 것입니다.

사춘기 때가 되면, 성장호르몬은 잠을 자는 것과는 관계없이 항상 나옵니다.

사춘기가 지나고 어른이 되면, 성장호르몬은 다시 잠자는 동안에만 나오게 됩니다.

하지만 어른이 되어서 나오는 성장호르몬의 양은 아주 적습니다.

열심히 일을 하다가 아주 지쳐서 잠들었을 경우에라야, 성장호르몬은 겨우 조금 나올 뿐입니다.

어떤 중학생은 학기말 시험이 끝난 후에 키가 부쩍 자랐다고 합니다.

시험 기간 중에는 공부 때문에 잠을 제대로 자지 못했

다가, 시험이 끝나고 나서 실컷 잠을 잤더니 키가 많이 자랐다는 것이지요.

이것은 과학적으로 설명되어질 수 있는 현상입니다.

성장호르몬은 아주 피곤해서 잠들었을 때 가장 많이 나오는 특이한 물질이기 때문이지요.

키가 작아서 고민하는 친구들은 열심히 활동하다가 깊은 잠을 자도록 하십시오. 분명히 키가 클 것입니다.

잠은 어떻게 자야 할까요?

세상에 처음 태어나서는 하루 종일 하는 일이 잠을 자는 것입니다.

갓난아기들은 하루에 23시간동안 잠을 잡니다.

그러나 사람이 점점 커갈수록 잠자는 시간도 줄어들게 마련입니다.

5살 먹은 어린이는 하루에 12시간정도 잠을 자면 충분합니다.

10살 먹은 어린이는 하루에 10시간동안 잠을 자면 되고, 어른은 8시간정도 잠을 자면 적당합니다.

잠은 얼마나 많이 자느냐가 중요하지 않습니다.

잠을 자는데 가장 중요한 것은 깊이 잠드는 것입니다.

잠을 깊이 자려면 여러 가지 조건이 필요합니다.

우선 주위가 조용하고 어두워야 하겠지요.

잠을 자려는데, 주위에서 시끄러운 소리가 들려온다면 절대로 깊은 잠을 잘 수 없습니다.

또한 불이 환하게 켜져 있어도 안 됩니다.

우리의 눈꺼풀은 얇기 때문에 불빛을 완전히 가릴 수 없습니다.

눈을 감았다고 하더라도, 어렴풋이 느껴지는 불빛 때문에 눈동자는 편히 쉴 수 없습니다.

눈동자가 자꾸 움직이면, 깊은 잠에 빠질 수 없는 것은 당연한 일이지요.

깊은 잠에 빨리 이르려면 잠자리도 편안해야 합니다.

잠자리는 너무 딱딱하거나, 반대로 너무 푹신해도 좋지 않습니다.

잠자리가 너무 딱딱하면, 몸의 각 부분에 있는 근육들이 그대로 긴장하고 있어야 합니다.

잠자리가 너무 푹신해도, 몸의 균형을 잡기 위해서 근육들은 힘을 잔뜩 집어 넣고 있어야 합니다.

그러므로 제일 좋은 잠자리는 우리의 몸을 잘 지탱해 줄 수 있는 정도가 적당합니다.

잠을 자는 자세도 깊은 잠을 잘 수 있느냐, 그렇지 않느냐에 중요한 역할을 합니다.

잠을 자는 좋은 자세는 반듯이 누워서 팔과 다리를 편안하게 뻗는 것입니다.

몸을 웅크리고 자거나, 팔을 베고 자는 자세 등은 대뇌에 비상경보를 울리도록 하는 것과 마찬가지입니다.

깊은 잠을 잘 자기 위해서 무엇보다도 중요한 것은 마음입니다.

마음이 불편하면 아무리 애를 써도 편안하게 잠을 잘 수가 없습니다.

부모님께 야단을 맞았다던가, 시험성적이 나빠 걱정이 될 때면, 아무리 일찍 잠자리에 누워도 쉽게 잘 수 없습니다.

잠이 든다고 해도, 깜짝깜짝 놀라 잠에서 깨어나거나 머리가 찌뿌드드 아픈 경우가 많습니다.

무서운 괴기 영화를 보고 잠들었을 때도 마찬가지입니다.

꿈에 나타나는 무서운 광경 때문에 잠을 자면서도 온몸은 긴장하여 움츠러들고, 땀으로 뒤범벅이 되기도 합니다.

이러한 것은 잠이 제일 깊은 단계인 서파수면 제4도에 이르지 못하기 때문에 벌어지는 일입니다.

꿈을 꾸거나 몸을 움직이는 것은 역설수면 상태에서 오래 머무르기 때문입니다.

잠을 자지 못하거나, 잠을 자더라도 항상 피곤하여 잠

을 자지 못한 상태와 같이 되는 것을 '불면증' 이라고 합니다.

불면증은 뇌에 이상이 생기거나, 아니면 몸의 다른 부분에 병이 생겼을 때 자주 일어납니다.

어떤 사람은 밤새도록 잠을 잘 자 놓고서, "잠을 자지 못했어!"라고 말하기도 합니다.

이것은 깊은 잠을 자지 못했기 때문에 일어나는 착각입니다.

우리가 보통 말하는 '선잠' 이라는 상태가 계속된 것이지요.

이와 같이 짧고 얕은 잠을 '미소수면' 이라고 합니다.

미소수면은 분명히 잠을 자고 있는 상태에 속합니다. 뇌파를 보더라도 잠의 특징이 나타나고, 옆 사람이 지켜보더라도 분명히 쿨쿨 잠을 자는 상태로 관찰되어집니다.

사람이든, 동물이든 잠을 자고 있는 동안에는 아무 생각도 할 수 없습니다.

그러므로 '내가 지금 잘 자고 있구나' 하고 스스로 생각할 수도 없습니다.

잠을 자는 동안은 무의식상태가 되기 때문입니다.

잠을 자기 위해서 잠자리로 들어가 눈을 감으면, 그 때부터 뇌파는 안정된 상태로 나타납니다.

머릿속에 떠오르던 갖가지 생각들이 자취를 감추고, 사람은 자기도 모르는 사이에 잠 속으로 빠져듭니다.

사람이 다시 생각을 되찾았을 때는, 이미 잠에서 깨어난 상태가 되는 것입니다.

어린 아기 시절에는, 누구든지 하루에 몇 번씩 잠을 잡니다. 잠들었다가 깨어나는 상태가 계속 반복되는 것입니다.

그러나 아기는 점점 어른들의 생활에 맞추어 생활하도록 길들여집니다.

어른들이 깨어 있는 시간에는 아기도 깨어서 놀고, 어른들이 잠드는 시간에 맞추어 아기들도 잠이 들도록 훈련되어지는 것이지요.

어느 정도 자라서 학교에 갈 나이가 되면, 하루종일 잠만 잤던 아기도 어른과 마찬가지로 낮에는 깨어 있고 밤이면 잠을 자게 됩니다.

하루 종일 잠을 자는 것은 동물과 비슷한 생활입니다.

낮에는 깨어 있고, 밤에는 잠을 자는 것은 사람의 생활이지요.

동물과 비슷한 생활로 세상살이를 시작한 아기는 점점 커감에 따라 사람의 생활로 맞추어 살게 되는 것입니다.

사람의 생활에서는 자는 시간이 정해져 있습니다.

그러므로 정해진 시간에 깊은 잠을 잘 수 있는 것이 중요합니다.

깊은 잠을 자야만 하룻 동안에 쌓인 피로를 풀 수 있습니다.

잠을 자기 위해서 먹는 약을 '수면제' 라고 합니다.

그러나 수면제를 먹는다고 해서 깊은 잠을 잘 수 있는 것은 아닙니다.

수면제는 잠이 깊게 들도록 하는 것이 아니라, 잠자는 시간을 늘려 주는 역할을 합니다.

정신이 몽롱하게 남아 있는 상태에서 아무리 오랜 시간 동안 잠을 잔다고 하더라도 몸에 쌓인 피로는 풀리지 않습니다. 오히려 더 피곤해질 뿐이지요.

수면제는 잠을 잘 수 있게 하는 역할보다, 몸에 좋지 않은 역할을 더 많이 합니다.

수면제는 뇌의 활동을 조절하는 성분으로 만들어진 약입니다.

우리의 뇌는 자율적으로 움직이며 필요한 활동을 합니다.

이처럼 스스로 잘 움직이는 뇌의 활동을 억지로 조절하기 위해서 약을 먹는다면, 뇌는 고장을 일으킬 수도 있습니다.

아기를 밴 어머니가 수면제를 먹는 것은 아주 위험합니

다.

뇌 속에는 '혈액-뇌 관문'이라는 부분이 있는데, 피가 싣고 온 위험한 성분을 뇌로 들어가지 못하게 막아 주는 역할을 합니다.

어머니에게는 '혈액-뇌 관문'이 있어서 수면제의 위험한 성분이 뇌로 들어가지 못하도록 잘 막아줍니다.

그러나 뱃속에서 자라고 있는 아기의 뇌는 아직 다 만들어지지 않는 상태이기 때문에 '혈액-뇌 관문'이 없습니다.

만일 어머니가 수면제를 먹었다면, 수면제의 위험성분은 아기의 뇌 속으로 들어가게 됩니다.

위험 성분을 받아들인 아기의 뇌는 곧 고장을 일으킵니다. 그래서 기형아가 되거나, 정신박약아가 되어 버리는 것입니다.

위험 성분이 들어 있는 약은 수면제뿐만이 아닙니다. 모든 약에는 거의 위험한 성분이 들어 있습니다.

감기약에도, 진통제에도 위험 성분은 들어 있습니다.

그러므로 아기를 밴 어머니들은 약을 먹지 않는 것이 좋습니다.

잠을 잘 자기 위해서 먹은 수면제가 오히려 잠을 방해하는 경우도 있습니다.

어떤 약국에서는 수면제를 사러 온 사람에게 소화제를 주는 경우도 있습니다. 물론 약을 사는 사람에게는 수면제라고 속이지요.

잠은 정신적인 요소가 많이 작용하는 것이기 때문에, 비록 소화제일지라도 수면제로 믿고 먹으면 쉽게 잠들 수 있는 경우가 거의 대부분입니다. 그래서 약사는 몸에 좋지 않은 수면제보다, 몸에 해를 덜 끼치는 소화제를 속여 파는 것이지요.

잠이 오지 않을 때는, 수면제를 먹는 것보다 암시적인 요법을 쓰는 것이 더 좋습니다.

암시적인 요법의 효과를 얻기 위해서 전기 장치를 사용하기도 합니다.

암시 요법의 특징은 동물을 실험 대상으로 쓸 수 없다는 것입니다.

물론 간단한 원리의 실험 정도는 고양이를 실험대상으로 삼을 수 있습니다.

그러나, 정신 세계에 접근하여 암시 요법을 쓰려고 할

때에는 사람을 상대로 실험해야 합니다.

사람은 아주 복잡한 정신 세계를 가지고 있기 때문입니다.

암시 요법이 개발된다면, 수면제를 사용하는 부작용을 일으키지 않고 잠 못 자는 괴로움에서 벗어날 수 있습니다.

이러한 암시 요법은 누구나 개발할 수 있습니다.

자기 자신을 관찰 대상으로 삼아 스스로 실험해볼 수 있는 것이 바로 암시 요법입니다.

먼저 '잠을 자야겠다' 라고 생각하기 전에, '깨어있는 것은 무엇인가' 를 생각해 봅니다.

깨어 있다는 것은, 눈을 뜨고 있는 상태라고 제일먼저 생각할 수 있습니다. 눈을 깜빡이기도 하고, 눈동자를 움직여 물건들을 보기도 합니다.

이 때, 뇌가 움직이는 부분은, 눈에 해당되는 '시각계의 뇌' 입니다.

깨어 있는 것이 눈을 뜨고 있는 상태이므로, 잠을 자기 위해서는 우선 눈을 감아야 하겠지요.

깨어 있는 상태의 두 번째 특징은 '생각하는 것' 입니다.

생각은 무엇을 통해서 나타날까요?

생각을 표현하는 것은 '말(언어)' 입니다.

눈으로 보이는 것과 말로 표현되는 것은 아주 가까운 관계를 맺고 있습니다.

'귤' 이라는 말을 들었다고 생각해 봅시다.

우리의 머리에 제일 먼저 떠오르는 것은 노랗고 동그란 귤의 모양입니다.

귤의 모양이 떠오르고 나면, 그 다음으로는 귤의 맛이

생각날 것입니다.

반대로 책상 위에 놓인 '귤' 을 보았다고 합시다.

"아! 귤이다."

귤을 보자마자, 우리의 입에서는 이 말이 터져 나올 것입니다.

그러므로 보는 것과 생각하는 것은 깨어 있는 상태에만 할 수 있는 일이라고 말할 수 있습니다.

잠든 상태가 되려면, 깨어 있는 상태와 반대의 상황으로 만들면 될 것입니다.

즉, 눈을 감아 아무것도 보이지 않게 하고, 생각하는 일을 중지하면 될 것입니다.

그러나 '생각하지 않는 일' 은 '생각하는 일' 만큼이나 하기 힘든 일입니다.

'생각하는 것' 은 저도 모르게 이루어지고 있을 때가 많습니다.

이 '생각' 을 없애기 위해서, '생각하지 말아야겠다' 라고 일부러 생각한다면, 이것도 역시 '생각하는 것' 입니다.

생각을 하지 않기 위해서는 생각을 사용할 것이 아니

라, 다른 방법을 써야 할 것입니다.

이러한 원리를 '유도 법칙' 이라고 합니다.

'유도 법칙' 을 주장한 사람은 파블로브라는 과학자입니다.

파블로브는 '조건 반사' 를 발견한 사람으로도 유명합니다.

개에게 먹이를 줄 때마다 종소리를 들려줍니다.

개는 먹이를 보면서 침을 흘리지만, 자기도 모르는 사이에 종소리를 기억하게 됩니다.

이 실험을 몇 번 계속하고 나면, 개의 뇌 속에는 종소리와 먹이가 동시에 기억되어 버립니다.

나중에는 먹이를 주지 않고, 종소리만 들려주어도, 개는 침을 흘리게 됩니다.

이것이 바로 '조건 반사' 입니다.

'유도 법칙' 이란, 어느 한 가지 일을 열심히 하면, 다른 일은 잘 못하게 된다는 내용입니다.

생각을 하지 않으려면, 생각이 아닌 다른 일을 해야 한다는 것이지요.

생각은 뇌로 하는 것이기 때문에, 생각이 아닌 일을 하

땡 땡
땡 땡
조건반사

려면 다른 기관을 사용하여야 합니다.

잠을 자기 위해서는 눈도 감아야 하고, 몸도 움직여서는 안됩니다.

가만히 누운 채, 눈을 감고 할 수 있는 일은 무엇일까요?

그것은 귀로 소리를 듣는 것입니다.

눈으로 보는 것과 생각하는 것은 쉽게 연결되어집니다.

눈으로 보이는 물체는 거의 대부분 한 자리에 머물러 있을 때가 많습니다.

만약, 눈으로 보이는 물체가 재빠르게 움직이고 있다면, 눈은 그 물체의 움직임을 쫓아다니느라고 바쁠 것입니다.

그렇기 때문에 눈으로 보는 일과 생각이 쉽게 연결되지는 않습니다.

그러나, 책이나 신문 등을 한 자리에 고정시켜 놓고 읽는다면, 눈으로 보여지는 내용들은 곧바로 생각과 연결되어 버립니다.

이 때는 옆에서 누가 큰 소리로 부르더라도 듣지 못할 때가 많습니다.

시각과 생각이 너무 열심히 일하고 있기 때문에 청각은

끼어 들 새가 없는 것이지요.

그러므로 시각과 생각을 억제시키려면 청각을 활용하는 것이 좋습니다.

물론 소리를 듣는 일도 생각과 연결되어질 때가 많습니다.

하지만 소리는 워낙 빨리 움직이기 때문에 열심히 듣는 일만 해야 할 경우가 많습니다.

음악을 듣는다면, 음의 변화만 따라가기도 바쁠 것입니

다.

음 하나하나를

"저건 도다, 그 다음은 미이고, 그 다음 음은 솔이다……."

이렇게 생각과 연결시켜가면서 들을 수는 없을 것입니다. 만약 이 일을 해내는 사람이 있다면, 그 사람은 음감이 아주 뛰어난 음악의 천재일 것입니다.

잠자리에 누워 눈을 감고, 라디오에서 들려오는 음악소리를 들어보십시오.

물론 노래를 따라 불러서는 안 됩니다. 그저 가만히 듣기만 하십시오.

어느 새, 쌔근쌔근 숨을 쉬며 편안한 잠으로 빠져들게 될 것입니다.

잠을 자지 않으면 어떻게 될까요?

밥을 먹지 않는 것을 '단식' 이라고 합니다.

잠을 자지 않는 것은 '단면' 이라고 하지요.

단면은 잠이 오는 상태를 강제로 이겨 낼 때 쓰는 말입니다.

잠이 오지 않거나, 자기는 자려고 하는데도 잠을 잘 수 없는 경우는 '불면' 이라고 말합니다.

과학자들은 잠을 자야 사는 동물이 잠을 자지 못했을 때, 어떤 현상이 일어나는지 연구하기 위해서 단면 실험을 합니다.

단면 실험의 관찰 대상으로는 주로 동물이 선택됩니다.

단면 실험이 제일 먼저 실시된 때는 19세기 말입니다. 이 때 선택된 관찰 대상은 강아지였습니다.

과학자들은 관찰 대상으로 뽑힌 강아지를 계속 재우지 않고 실험했습니다.

잠을 자지 못한 지 6일째가 되자, 강아지는 그만 죽어 버리고 말았습니다.

이 때, 강아지의 체온은 섭씨 4℃ 정도로 떨어진 상태였습니다.

강아지가 죽은 뒤, 과학자들은 어미개 세 마리를 관찰 대상으로 뽑았습니다.

이 어미 개들도 각각 잠을 자지 못한지 9일, 13일, 17일 만에 죽었습니다.

어미개들의 체온은 35℃ 였습니다.

개가 살아 있을 때의 체온은 보통 37℃에서 38℃사이라고 합니다.

이 두 가지의 실험 결과가 발표되자, 사람들은 놀라움을 금치 못했습니다.

동물애호가들은 과학자들의 실험이 너무 잔인하다고 항의했습니다.

어떤 사람은 잠의 중요성을 너무도 잘 깨달은 나머지, 잠을 자려고 애쓰다가 아예 잠을 잘 수 없게 되어 버렸다고 항의했습니다. '불면 노이로제'에 걸려 버린 것입니다.

동물을 실험 대상으로 삼아 죽게 하는 것은 분명히 잔인한 일입니다.

그러나 과학자들의 입장에서 보면, 이것은 어쩔 수 없는 일이기도 합니다.

어떠한 사실을 알아내기 위해서 사람을 실험 대상으로 마구 뽑을 수는 없습니다.

동물이 목숨을 잃는 것은 무척 안타까운 일이지만, 생명을 연구하기 위해서는 꼭 필요한 일입니다.

생명을 연구하는 일은 수많은 사람과 수많은 동물을 죽음에서 구해 내기 위한 것입니다.

실험 대상으로 뽑힌 동물의 죽음은 수많은 생명을 구해 내는 밑받침이 되기 때문에, 꼭 필요한 악이라고 말할 수 있습니다.

과학자들도 실험을 하다가 죽어간 동물이 생기면, 가슴 아파하며 눈물을 흘립니다.

그러나 한 동물의 죽음이 곧 큰 일을 해낸다는 사실을 알기 때문에, 과학자들은 용기를 얻고 새로운 실험을 시작하는 것입니다.

20세기가 되자, 과학자들은 똑같은 방법으로 단면실험을 해 보았습니다.

이번에 뽑힌 관찰 대상인 개는 무려 505시간동안이나 잠을 자지 못했는데도 살아 있었습니다.

보통의 생각과 다른 특수한 결과가 나오면, 과학자들은

와~ 이개는 505시간이나 단면을 했는데도 죽지 않았어
예상대로 이개의 뇌는 특이한 신경세포를 가졌어
해부
토끼도 6~31일이 되면 거의 죽음상태가 되는군

그 원인을 찾아내야 하는 의무가 있습니다.

과학자들은 관찰 대상인 개의 뇌 구조를 살펴보기로 결정했습니다.

과학자들은 관찰 대상인 개를 해부하였습니다. 역시 생각했던 대로, 그 개의 뇌 속에는 다른 개의 뇌에서 찾아볼 수 없는 특이한 신경세포가 발견되었습니다.

그 개가 오랫동안 잠을 자지 않고서도 살 수 있었던 이유는, 뇌 속에 들어 있는 특수한 신경세포 때문이었던 것입니다.

토끼를 단면 실험의 관찰 대상으로 뽑아 잠재우지 않으면, 6일에서 31일 사이에 거의 죽을 듯한 상태가 되어 버린다고 합니다.

이 때, 토끼의 체온은 보통 때보다 4℃ 내지 5℃정도 떨어집니다.

토끼는 맥박도 떨어지고, 호흡도 느려지지만, 잠에 취해서 정신을 잃은 상태일 뿐 죽지는 않았다고 합니다.

사람을 관찰 대상으로 삼아야 할 때는, 아무렇게나 선택하지 못합니다.

대부분은 스스로 관찰 대상이 되겠다고 나서도록 지원

자를 뽑는 방법을 사용합니다.

단면 실험의 관찰 대상자가 되겠다고 지원한 사람은 20대 후반의 남자 세 사람이었습니다.

이 사람들은 90시간동안 잠을 자지 않았습니다.

90시간이라면, 3일과 18시간입니다.

90시간이 흐른 뒤, 과학자들은 세 사람의 반응을 관찰해 보았습니다.

어떤 물건을 갖다 주고는 냄새를 맡아보라고 시키기도 하고, 피부에 차가운 얼음 조각을 올려놓고, 피하는 시간을 측정하기도 하였습니다.

운동을 하도록 요구하기도 하였으며, 복잡한 계산문제를 풀어보도록 하고는, 걸리는 시간을 측정하였습니다.

잠을 자지 못한 세 사람의 행동은 사람에 따라 어느 정도 차이를 보였습니다.

감각이 물체를 파악하는 시간이나, 반응속도, 운동속도 등도 느려졌으며, 계산하는 능력이나 기억력도 정상일 때보다 훨씬 둔했습니다.

실험이 끝나자 세 사람은 모두 12시간동안 잠을 잤습니다.

잠에서 깨어난 이후에는 모두 정상적으로 되돌아왔다고 합니다.

세 사람이 잠을 자지 않고 있는 동안에도 여러 가지가 측정되었습니다.

다른 동물을 관찰 대상으로 삼았을 때와 마찬가지로, 사람도 잠을 자지 못할 경우에는 체온이 떨어졌습니다. 그러나 몸무게는 오히려 늘었다고 합니다.

세 사람 중에 한 사람은, 잠을 자지 못한 지 이틀째가

되자 눈앞에 환시가 보인다고 말했습니다.

'환시'란, 있지도 않는 것을 착각하여 보는 것을 말합니다. 즉 '헛것'이 보인 것이지요.

그 이후로 많은 과학자들이 사람을 관찰 대상으로 뽑아 단면 실험을 계속했습니다.

어떤 과학자는 275명의 사람을 한꺼번에 관찰 대상자로 뽑아 놓고서, 112시간 동안 잠을 재우지 않았다고 합니다.

이 때, 275명의 사람들은 제각기 특이한 증상을 보였습니다. 급성 정신분열증 증세를 나타내는 사람도 있었다고 합니다.

이 사람들을 계속해서 220시간동안 잠을 못 자게 하였습니다. 이제는 거의 모든 사람들이 정신이상증세를 나타내었습니다.

그러나 실험을 끝내고, 모든 사람에게 14시간동안 계속 잠잘 시간을 주었습니다.

취침 시간이 끝나자, 사람들은 완전히 정상 상태로 되돌아왔습니다.

이러한 연구 결과들을 종합해 보면 다음과 같은 사실이

정리됩니다.

"사람은 100시간에서 120시간정도에 이를 때까지 잠을 자지 못한다면(단면 상태가 계속된다면) 정신이상 증세를 보인다."

잠을 자지 못해서 일으키는 정신이상 증세도 갖가지 입니다.

어떤 사람은 친한 친구에게까지, 자기 자신에 대해서 열심히 설명합니다. 마치 자기가 지금 다른 사람이 되어 버렸고, 남들이 자기를 알아보지 않으면 어떻게 하나 하고 걱정에 빠져 버린 것처럼 말입니다.

어떤 사람은 자기가 '로봇 인간'이 되어 버렸다고 호소하기도 합니다. 팔과 다리가 자기가 생각하는대로 움직이지 않는다는 것이지요.

또 다른 사람은 자기의 몸이 풍선처럼 늘어났다 줄어들었다 제멋대로라고 호소하기도 합니다.

한 사람은, 자기가 CIA에서 파견된 첩보원인데, 누군가가 자기를 암살하려는 음모를 꾸미고 있다고 다급하게 말하기도 합니다.

이러한 현상들은 모두 정신이상 증세로 판단되어지는

데, 잠을 자고 난 후에는 깨끗이 사라진다고 합니다.

단면 실험을 제일 오래 견딘 사람은 랜디 가드너라는 미국 사람입니다.

단면 실험을 할 때의 랜디 가드너는 17세의 소년이었습니다.

랜디 가드너가 잠을 자지 않고 버틴 시간은 11일, 즉 264시간입니다.

랜디 가드너는 오직 정신력 하나만으로 11일동안 잠을 자지 않은 것입니다. 사람의 정신력은 정말 무한한 힘을 가졌다고 밖에 말할 수 없을 듯합니다.

랜디 가드너는 정확하게 264시간 12분 동안 깨어있었습니다. 이 기간동안에는 야구시합을 하기도 하고, 거리를 산책하기도 하였는데 정신이상 증세는 나타내지 않았다고 전해집니다.

깨어 있은 지 4일째 되는 날에, 랜디 가드너는 조금 멍한 표정이 되기도 하고 손끝을 떠는 정도의 가벼운 증상만을 보였던 것입니다.

랜디 가드너는 단면 실험이 끝난 뒤 14시간 40분동안 잠을 잤습니다.

단면 실험의
기록은
17세 소년의
264시간(11일)
단면이 끝난후
14시간 40분 잠을
잔 후 회복됐어요
이건 사람의
정신력이 세운
기록이다

잠에서 깨어난 랜디 가드너는 정상적인 상태로 몸이 회복되었음을 증명해 보였습니다.

그리고는 다시 24시간동안 깨어 있다가, 8시간 잠을 자고 완전히 평소와 같은 상태로 되돌아왔습니다.

랜디 가드너가 세운 이 단면 기록은 사람의 몸이 세운 기록이 아니라, 사람의 정신력이 세운 기록이라고 평가되고 있습니다.

랜더 가드너의 행동은 사람들에게 놀라움을 안겨 주었지만, 한편으로는 많은 사람들의 걱정을 사기도 하였습니다.

정상적으로 사는 생활에서 잠을 자지 않을 필요는 없습니다. 아니, 정상적으로 살기 위해서는 남들이 자는 시간에 같이 잠을 자야 합니다.

잠은 세상을 이끌어나가는 힘의 창고이니까요.

하루에 세 시간만 자는 사람들

"내 사전에 불가능이란 없다!"

이 말을 한 사람이 누구라는 것은 여러분들도 잘 알고 있을 것입니다.

그 유명한 프랑스의 장군 나폴레옹이지요.

나폴레옹에 대해서는 여러 가지 유명한 사실이 있습니다.

잠에 대해서도 나폴레옹은 빠질 수 없는 사람이지요.

나폴레옹은 하루에 단 세 시간만을 잠자는 데 사용했다고 합니다. 그것도 하루 이틀이 아니라 죽을 때까지 말입니다.

나폴레옹이야 워낙 유명한 위인이니까 그럴 수도 있겠다고 생각해 봅시다.

그렇다면, 나폴레옹말고도, 하루에 세 시간씩만을 잠자며 사는 사람이 있을까요?

또, 보통 사람이 나폴레옹처럼 하루에 세 시간만 잔다면, 그 사람은 맑은 정신으로 살아나갈 수 있을까요?

1968년에 발표된 잠의 보고서에 따르면, 현대의 나폴레옹이 두 사람이나 있습니다

하루에 세 시간만 자고도 원기 왕성하게 살아가고 있는 사람들이지요.

한 사람은 나이가 50세인 영국인 사업가입니다.

이 사람은 약 20년 동안 매일 세 시간씩만 잠을 자고 살아왔다고 전해집니다. 이 사실은 주위 사람들에 의해서 분명하게 증명되었습니다.

50세의 이 사업가는 주말이 되면 가끔 몇 분씩 낮잠을 잔다고 합니다.

낮잠 시간은 아주 짧은 편인데 제일 길게 잔 시간이 한 시간정도였다고 합니다.

다른 한 사람도 역시 영국인입니다. 이 사람의 나이는

30세이고, 직업은 화가입니다.

이 영국의 화가는 약 6년 전부터 세 시간 취침을 해 왔다고 합니다.

한때는 일이 너무도 바쁜 나머지, 아예 잠을 자지 않고 살아보려고 생각했던 적도 있다고 합니다.

그러나 건강을 해치게 된다는 식구들의 걱정 때문에 아까운 세 시간을 잠에게 배급해 주었다

이 화가도 앞에서 이야기했던 사업가처럼, 주말에 짧은

낮잠을 즐긴다고 합니다.

두 사람의 이야기를 전해들은 과학자들은 새로운 잠의 형태를 연구하기 위해서 정중한 초대장을 보냈습니다.

과학자들은 두 사람이 잠들었을 때의 뇌파를 6, 7번 조사하였습니다.

실험을 할 때는 측정해야 할 상대를 여러 번 측정하여야 정확한 판단을 내릴 수 있기 때문입니다.

사업가는 새벽 1시경에 잠들었고, 화가는 새벽 3시경에 잠드는 것이 보통이었습니다.

사업가가 잠을 자는 시간은 평균 2시간 47분이었습니다.

화가가 잠자는 시간은 평균 2시간 43분이었습니다. 두 사람은 모두 자리에 눕자마자 깊은 잠에 빠져들었습니다.

두 사람이 잠들었을 때 뇌에서 나오는 것을, 제일 깊은 잠이라고 말할 수 있는 서파수면의 제3도와 제4도의 뇌파였습니다.

즉, 이 두 사람은 가장 필요한 잠만 골라서 자는 셈이었습니다.

잠에 대한 고도의 기술을 가지고 있는 사람들이라고 말

사업가는 2시간 47분 잤고…
화가는 2시간 43분 잤는데 모두 제일 깊은 잠인 서파수면 3~4도의 뇌파수가 나왔어
그렇군!
가장 필요한 잠만 골라서 잘수 있다면 현대의 나폴레옹도 가능하다는거야

할 수 있겠지요.

이 두 사람의 경우를 비추어 볼 때, 나폴레옹의 경우 역시 과장된 사실이 아니라는 판단을 내릴 수 있습니다.

확실하게 이름이 밝혀지지는 않았지만, 미국에서도 세 시간만 자면서 사는 사람들이 많다고 전해집니다. 그러므로 보통 사람들도 자리에 눕자마자 깊은 잠에 빠져들 수 있는 실력만 갖춘다면 현대의 나폴레옹이 될 수 있을 것입니다.

그러나 대부분의 사람들은 어른이 되어서도 하루에 여덟 시간을 자야만 일을 하며 살 수 있다고 생각합니다.

'여덟 시간' 이라고 정해진 잠의 기간은 누군가에 의해서 꼭 지켜져야 할 법으로 만들어진 것은 아닙니다.

다만, 잠을 연구하는 과학자들이 보통 사람들의 자는 시간을 조사하여 발표한 결과입니다.

즉, 보통 사람들 중에는 하루에 여덟 시간씩 잠을 자는 사람들이 제일 많았기 때문에 나온 말입니다.

사람에 따라서 잠을 자야 하는 시간은 각각 다릅니다.

과학자들은 실험을 하기 위해서 며칠씩 밤을 새기도 합니다.

실험이 끝난 뒤, 편안한 마음으로 깊은 잠에 빠져듭니다.

이렇게 자고 나면, 거의 대부분의 사람들은 정상적인 몸과 정신의 상태로 되돌아옵니다.

어른이 되면, 항상 잠잘 시간이 부족한 것처럼 느껴질 경우가 많습니다.

이것은 하루에 쌓인 피로가 그 날 밤에 잔 잠에서 모두 풀리지 않았기 때문에 생기는 현상입니다.

몸에 남은 피로는 저절로 없어지지 않습니다.

남은 피로는 하루, 이틀 계속 쌓이게 되는 것입니다. 결국 나중에는 아무리 잠을 자도 피로가 풀리지 않게 되어 버리는 경우가 많습니다.

이러한 현상을 '만성 피로' 라고 합니다.

만성 피로가 생기는 이유는 잠자는 시간이 부족해서라기 보다는, 깊은 잠을 자지 못하기 때문에 일어난다고 말하는 것이 옳습니다.

나이가 많아지면, 잠이 줄어든다는 말이 있습니다.

이것은 밤에 자는 잠에만 해당되는 말인 듯합니다.

나이가 많아질수록, 낮잠 자는 시간은 늘어납니다.

낮잠과 밤잠의 시간을 합하면, 젊은 사람이나 나이 먹은 사람이나 잠자는 시간은 비슷해질 것입니다.

나이가 많이 드신 할아버지나 할머니께서는, '불면증' 에 걸렸다고 말씀하실 때가 많습니다.

'불면증' 은 밤잠에만 해당되는 말입니다. '낮잠불면증' 이란 말은 없습니다.

할아버지나 할머니에게는 젊었을 때보다 낮잠을 즐길 시간이 많이 생깁니다.

그래서 낮이나 밤이나 잠들었다가 깨었다가 하는 생활이 반복됩니다.

마치 어린 아기의 생활과 비슷해지는 것처럼 말이지요.

잠을 제일 적게 자는 나이는 50대라고 합니다.

50대의 나이 드신 어른들께서는 해야 할 일이 많습니다. 그래서 다른 나이보다 잠잘 시간이 적은 것입니다.

하루에 여덟 시간씩 규칙적으로 자던 사람이 다른 일을 하기 위해서 다섯 시간밖에 자지 못했다면, 이 사람에게는 세 시간의 '잠 빚' 이 생깁니다.

이 사람은 다음 날 낮잠으로 부족한 잠을 채워주던가, 이튿날 밤에 잠자는 시간을 늘려 잠 빚을 갚아 주어야 합니다.

잠 빚은 우리 몸에 진 것이기 때문에 꼭 갚아 주어야만 정상적인 몸의 상태를 회복할 수 있게 되는 것입니다.

만일 이 사람이 원래 하루에 다섯 시간씩 자는 습관을 들였다면 잠 빚은 생기지 않았을 것입니다.

잠은 미리 빌려다가 쓸 수는 없습니다.

"내일부터는 시험 공부를 해야 되니까, 오늘은 일찍 자야 해!"

이 생각은 잘못된 것입니다.

아무리 많은 잠을 미리 자 둔다고 해서, 그 뒤에 많은 일을 할 수는 없습니다.

그러므로 어떤 일을 하기 위해서 잠자는 시간을 빌려와 써야 할 때에는 반드시 잠을 나중으로 미루십시오.

잠을 미리 자 둔다는 것은 도로아미타불이거든요.

시간을 많이 사용하기 위해서 가장 좋은 방법은 평소에 잠자는 시간을 줄이는 것입니다.

규칙적으로 자는 시간을 줄이는 대신 자리에 눕자 마자 곧 깊은 잠으로 빠져들 수 있도록 자기 암시요법을 쓰는 것이 좋습니다.

잠을 적게 자는 사람은, 잠을 많이 자는 사람보다 서파 수면의 제3도와 제4도에 해당하는 뇌파가 많이 나타납니다. 즉, 깊은 잠을 잔다는 것이지요.

깊은 잠을 잘 수 있다는 것은 하루에 쌓인 피로를 말끔히 씻어 버릴 수 있다는 말입니다.

그래서인지, 잠자는 시간이 짧은 사람은 성격도 쾌활하고, 맡은 일도 신나게 해치운다고 합니다.

그러나 잠자는 시간이 긴 사람은 비교적 행동도 느리고, 일에 대한 흥미도 별로 없는 듯해 보였다고 과학자들은 연구 결과에서 말했습니다.

잠자는 일도 무척 좋습니다.

그러나 깨어 있을 때 할 수 있는 일도 무척 많지요. 잠자는 시간을 줄이고, 그 시간 동안에 하고 싶은 일을 하십시오.

그리고 나서는 깊은 잠에 빠지면 되니까요.

잠잘 때 일어나는 일들

잠을 잘 때, 우리의 몸을 바닥으로 눕혀야 하는 까닭은 무엇일까요?

그것은 '중력' 때문입니다.

중력이란, 지구가 자기 중심으로 잡아당기는 힘이지요.

지구가 잡아당기는 힘이 중력인데 비해서, 지구 위에 있는 물체 역시 자기 중심으로 지구나 다른 물체들을 잡아당기는 힘이 있습니다.

이 힘을 '인력' 이라고 합니다.

인력이란, '잡아당기는 힘' 이지요.

사람의 몸에도 인력이 있습니다.

인력은 중력과 대항하여, 사람이 지구 중심으로 빨려

들어가지 않도록 하는 역할을 합니다.

그래서 사람은 지구 위에 서 있게 되는 것입니다.

하지만 지구가 끌어당기는 힘에서 벗어날 수는 없기 때문에, 지구 표면에 붙어 있는 것이지요.

인력이 작용하는 것은 우리의 몸에 있는 근육이 신경의 신호를 받아 힘을 주고 있기 때문에 생기는 일입니다.

잠이 들면 뇌의 활동은 줄어들게 마련입니다.

따라서 뇌의 명령을 받아 몸의 각 기관으로 전해주는 신경 조직들도 일을 할 수 없는 상태가 되어버립니다.

신경 조직이 명령을 전달해 주지 않으니 근육들도 힘을 빼 버리게 되는 것이지요.

근육과 신경이 뇌의 명령을 받지 못하여 제 기능을 다 하지 못하면, 사람의 인력은 줄어듭니다.

인력이 줄어들면, 지구가 끌어당기는 힘의 영향을 그만큼 많이 받게 됩니다.

그래서 사람의 몸은, 점점 많은 부분이 지구와 맞닿게 되는 것입니다.

의자에 앉아서 졸 때는, 거의 대부분의 사람들이 머리를 끄덕이게 됩니다.

그 까닭은 무엇일까요?

의자에 앉아서 조는 상태는, 자기 스스로 '잠을 자서는 안 되겠다' 라고 생각할 경우가 많습니다.

이 생각은 뇌에 암시적으로 남아 있게 됩니다.

뇌는 몸을 지탱하는 근육과 신경 조직들에게 중력에 대항하여 앉아 있으라고 명령합니다.

이 명령을 제일 먼저 거역하는 것이 바로 목에 있는 근육입니다.

목 근육이 뇌의 명령을 어기는 것도 충분히 이해될 수

있는 일입니다.

목은, 몸의 다른 부분에 비해서 몹시 가는 편입니다.

그럼에도 불구하고, 목은 무거운 머리와 튼튼한 몸통을 이어 주는 역할을 해내어야 합니다. 가장 힘든 일을 맡았다고 해도 과장된 말이 아니지요.

목에 있는 근육이 뇌의 명령을 전달받지 못하여 힘을 주지 않는다면, 가장 곤란한 것은 머리입니다.

머리는 사람의 전체 몸무게 중에서 1/3정도를 차지하는 아주 무거운 부분입니다.

목의 근육이 제 기능을 발휘하지 못하니, 머리는 가는 나무 위에 올려진 공과 같은 신세가 되어 버리는 것입니다.

지구의 중력은 "옳지! 때는 왔다."하고, 머리를 자기 중심으로 끌어당깁니다. 머리는 힘없이 딸려갈 수 밖에요.

그러나 머리가 어느 정도 지구 쪽으로 끌려 내려가다 보면, 목의 신경을 건드리게 마련입니다.

목에 있는 신경은 그제서야 정신을 번쩍 차립니다.

"이크! 큰일날 뻔했군."

정신을 차린 목 신경은 근육에게 얼른 힘을 주라고 지시합니다.

목에 있는 근육이 힘을 주면, 머리는 다시 제 위치로 되돌아옵니다.

머리가 자기 자리에 있는 것은 잠깐동안 뿐입니다.

다시 졸음이 와서 정신이 없어지면, 목에 있는 신경과 근육들도 또다시 방심하게 되고 머리는 지구중심으로 끌려가게 마련입니다.

어떤 물체가 지구 중심을 향하여 떨어져 내리는 것을

'자유 낙하 운동' 이라고 합니다.

잠든 상태의 머리 역시 '자유 낙하 운동' 을 하게 되는 것입니다.

비상사태에 이르러 번쩍 정신을 차린 신경이 근육에 신호를 보내야만, 머리의 자유 낙하 운동은 중지됩니다.

자유 낙하 운동과 신경의 자각이 반복되는 현상이 바로 졸 때 머리를 끄덕이는 이유입니다.

사람이 잠들었을 때는 맥박 수와 혈압도 변합니다.

두 가지 모두 깨어 있을 때보다 낮아지는 것입니다. 일반적으로 서파수면 때에는 맥박 수가 줄어들고, 역설수면. 때에 맥박 수는 늘어난다고 합니다.

그런데 어린 아기나, 식물인간의 잠에서는 이와 반대의 경우가 나타납니다.

즉, 역설수면 때에 맥박이 낮아지는 것입니다.

보통 사람의 경우에, 역설수면의 맥박이 빨라지는 원인은 꿈 때문일 수가 많습니다.

무서운 꿈을 꾸는 경우에는 혈압도 올라가고, 맥박도 빨라집니다.

이 과정이 너무 지나치면, 심장마비를 일으켜 죽게될 수도 있습니다.

역설수면 때에 혈압이 변하는 이유도 꿈 때문입니다.

잠을 자면서 눈알이 빨리 움직일 때는 보통 꿈을 꾸고 있을 때가 많습니다. 이 때는 맥박도 빨라지고, 혈압도 30mmHg나 증가된다고 합니다.

잠을 자는 동안에는 몸 속을 흐르는 피의 양이 변화를 일으킵니다.

그 중에서도 특히 뇌 속의 피의 흐름은 보통 때보다 아주 많은 변화를 보입니다.

잠이 들면, 숨을 쉬는 상태도 변합니다.

옛날부터, 잠든 사람의 모습을 가리켜 "쿨쿨 잔다."라고 말합니다.

잠이 들면 숨은 천천히, 그리고 깊숙하게 쉬어집니다.

그러나, 이 모습도 역시 서파수면일 때에만 볼 수 있는 현상입니다.

역설수면 때에 이르면, 숨을 쉬는 것도 깨어 있을 때와 마찬가지로 불규칙해집니다.

사람과 마찬가지로, 고양이나 개, 흰쥐 토끼 등의 동물들도 역설수면 때에는 숨이 짧아지고, 얕게 내쉰다고 합니다.

동물들 중에는 예외가 있어서, 원숭이는 오히려 역설수면 때 숨을 더 느리게 쉰다고 합니다.

대뇌의 활동은 워낙 복잡 미묘한 것이기 때문에, 우리가 알고 있는 사실이라고 하더라도 적용되지 않을 때가 있습니다.

고양이와 토끼의 경우에서도 마찬가지입니다.

우리가 알고 있는 사실로는, 역설수면 때에 숨을 빨리 쉬는 것이 옳습니다.

그러나 자세히 관찰하다 보면 역설수면 때에 오히려 숨을 느리게 쉬는 경우도 많이 발견됩니다.

생명의 불가사의라고 말할 수 있겠지요.

잠이 든 사람이 살아 있다고 주장하는 의사표시로는 코를 고는 것을 들 수 있습니다.

코를 고는 사람은 아주 많습니다.

대체로 다섯 사람 중에 한 사람은 코를 곤다고 합니다.

코고는 소리의 세기도 여러 가지입니다.

어떤 사람은 들릴 듯 말 듯하게 코를 골지만, 큰 트럭의 엔진 소리만큼 크게 코를 고는 사람도 있습니다.

코를 골지 않는 사람이 코를 고는 사람과 같은 방에서 잠을 자야 한다면 그것만큼 괴로운 일도 없을 것입니다.

하지만, 이 사람도 코를 전혀 골지 않는 것은 아닙니다.

코를 전혀 골지 않는 사람은 없습니다. 누구나 피곤할 때나, 잠자는 자세가 불편할 때는 코를 골게 됩니다.

다만, 자기가 잠들었을 때 스스로의 모습을 관찰할 수 없기 때문에 알고 있지 못할 뿐입니다.

문제가 되는 것은, 거의 매일 밤마다 큰 소리로 코를 고는 사람입니다.

자기의 코골이 때문에 옆 사람이 잠을 이루지 못한다면, 몹시 미안하고도 난처한 일일 것입니다.

이럴 때는 옆 사람이 잠든 후에 잠을 자도록 노력하십시오.

잠이 든 상태라면 웬만한 소리는 들을 수 없기 때문입니다.

코를 고는 이유는 무엇일까요?

코를 고는 현상은 숨을 쉬는 것과 관련됩니다.

잠을 자는 동안에는 입 속에 있는 근육과, 목구멍에 있는 근육이 늘어나서 공기가 드나들 틈이 좁아집니다.

잠이 들었다고 하더라도 분명히 숨은 쉬어야 하는 것이지요.

폐를 오고가는 공기는, 목구멍의 근육을 비집고 드나들어야 합니다. 이때 생기는 힘으로 목구멍과 입 안에 있는 근육들은 제각기 떨리면서 소리를 내게 되는 것입니다.

나이가 많아질수록 코는 더 많이 골게 됩니다.

이것은 목구멍과 입 안의 근육들이 늙어서 늘어나기 때

문입니다.

술을 많이 먹어도 코를 골게 됩니다.

코를 골기 쉬운 자세는 얼굴이 위로 향한 상태라고 합니다. 입으로 숨을 쉬어야 하기 때문입니다.

그러므로 코를 고는 사람은 옆으로 누워 자는 것이 좋습니다.

코를 고는 사람에게 얽힌 이야기는 무척 많습니다.

똑같은 크기의 코고는 소리를 녹음해 놓고서 잠든 사람에게 들려주면, 재미있는 현상이 일어납니다.

즉, 자기의 코고는 소리에는 깨어나지 않던 사람일지라도, 남의 코고는 소리에는 잠이 깨어서 시끄럽다고 한다는 것입니다.

자신의 코고는 소리에는 뇌가 이미 익숙해져 있어서 놀라지 않는 것이지요. 이미 습관으로 굳어져버린 것입니다.

그러나 똑같은 크기의 코고는 소리일지라도, 남이 내는 소리라면 새롭게 자극되어지기 때문에 뇌는 금방 알아차리게 됩니다.

어떤 사람은 자기가 코고는 소리에 놀라 잠을 깨기도 합니다.

이 사람은 자기가 코를 곤지 얼마 되지 않았을 거라고 생각할 것입니다.

그러나 실제로는 자기의 코고는 소리에 놀라 잠에서 깨어나는 사람은 없습니다.

자신의 코고는 소리가 들릴 때는, 어느 정도 뇌가 깨어난 상태입니다.

그러므로 그 동안 골 수 있는 코는 다 골아 버린 뒤라는 것이지요.

코를 고는 것은 서파수면의 제2도에서 나타나는 현상이라고 합니다.

코를 고는 것만큼이나 심각한 문제는 바로 이를 가는 것입니다.

"빠드득, 뿌드득!"

"빠드득, 빠드득!"

무엇이 그리도 억울하고, 뼈에 사무치는지, 이 가는 소리는 기분 좋게 들을 수가 없습니다.

남의 흉내를 잘 내는 사람에게 코고는 흉내를 내보라고 한다면, 그 사람은 여러 가지 소리로 재미있게 표현할 것입니다.

아무리 흉내를 잘 내는 사람일지라도 이 가는 흉내를 내보라고 주문한다면 난처한 표정을 지을 것입니다.

이처럼 이를 가는 것은 아주 특수한 구조로 표현되어지는 일입니다.

이를 가는 것도 역시 역설수면 상태에서 가장 많이 일어납니다.

그러나 서파수면의 제2도 단계에서도 가끔씩 이가는 현상이 나타난다고 합니다.

코골이와 이갈이가 다른 점은, 코골이는 역설수면에서 나타나지 않는데 비해서 이갈이는 주로 역설수면에서 나타난다는 사실입니다.

이를 가는 원리는, 사람이 흥분하였을 때 주먹을 꽉 쥐게 되는 원리와 비슷합니다.

주먹을 꽉 쥐도록 하는 것은 '교감 신경' 입니다.

잠이 아무리 무의식상태라지만, 역설수면 때에는 뇌가 어느 정도 활동을 하기 때문에 이갈이가 역설수면 때 많이 나타나는 것입니다.

이를 가는 것을 고치는 방법은 아직 알려진 것이 없습니다.

다만 잠을 잘 때, 생각을 비우고 마음을 편히 먹는다면 좀 줄어들겠지요.

잠을 잘 때에는 우리의 몸 속에서도 조용한 변화가 일어납니다.

내장에서는 호르몬의 변화가 일어납니다. 소화에 관계되는 호르몬은 비교적 적게 나옵니다. 그러나 대장이나

빠드득
빠드득
이를 가는 것은 역설수면상태에서 주로 나타나죠
이를 가는 것은 흥분했을때 주먹을 꽉 쥐게 되는 원리와 같아
이것을 교감 신경이라고 해요

소장의 운동은 깨어 있을 때와 마찬가지로 진행됩니다.

잠을 잘 때에는 침의 양도 줄어듭니다.

오줌의 양은, 깨어 있을 때보다 1/2~1/3정도 줄어듭니다.

그러나 땀의 양은 깨어 있을 때보다 늘어난다고 합니다.

잠을 자는 것은 의식이 휴식을 취하는 상태이기 때문에, 위험이 닥쳐도 쉽게 대처하지 못하게 되어 버립니다.

그러므로 잠을 자기 전에 위험한 부분은 미리 손질해 두어야 합니다.

불이 켜진 난로를 옆에 두고 잔다든지, 물이 가득 든 주전자를 발 쪽에 놓아두고 자는 것은 아주 위험합니다.

사람의 몸은 잠을 자고 있는 사이에도 운동을 하기 때문입니다.

아무리 얌전하게 잠을 자는 사람이라고 하더라도, 한번 잠들면 20번 이상 몸을 움직인다고 합니다.

그러므로 위험한 것은 멀리 치워놓고 자는 것이 가장 현명한 태도이지요.

꿈이란 무엇일까요?

꿈이 무엇인지 설명하기는 쉬운 일이 아닙니다.

꿈은 우리의 뇌가 일으키는 반응이기 때문입니다.

간단하게 말하자면, 꿈이란 잠자고 있는 동안에 나타나는 시각적, 청각적 체험입니다.

즉, 잠든 동안에 상상의 세계에서 일어나는 광경과 소리를 통틀어 꿈이라고 말할 수 있습니다.

잠든 세계에서 겪은 일들을, 잠에서 깨어났을 때 말로 표현할 수 있다면 완벽한 꿈을 꾼 것이라고 할 수 있습니다.

과학이라는 학문은 분명하게 증명되어지는 것을 좋아합니다.

자기가 직접 꿈을 꾸었다고 하더라도, 그 내용을 말로 표현하지 못한다면 그 꿈은 과학적으로 인정되지 않습니다.

꿈을 꾸는 원인은 크게 두 가지로 나눌 수 있습니다.

첫째는 잠을 자고 있을 때, 몸에 일어나는 어떠한 자극 때문입니다.

만일 옆 사람이 발을 자기의 배 위에 올려놓았다고 합시다.

이런 경우에는 배 위에 무거운 맷돌이 놓여 있는 꿈을 꿀 수 있습니다.

옆 사람이 자기의 목 위로 팔을 걸쳐 왔다면, 꿈에서는 목이 졸리우는 광경이 나타날 수 있습니다.

사람에 의해서 자극을 받지 않더라도, 몸이 느낄 수 있는 자극의 종류는 아주 많습니다.

이불의 무게라든가, 불빛, 온도 등도 꿈을 꾸는데 중요한 몫을 담당합니다.

쌀쌀한 밤에 이불을 차내 버리고 잠을 자고 있다면, 그 사람은 시베리아 벌판을 헤매어 다니는 꿈을 꿀지도 모릅니다.

꿈이란 잠잘때
일어나는
10Kg
자극과 생각이죠

우리 몸의 안에서 일어나는 내장의 운동도 꿈과 관계될 수가 있습니다.

꿈을 꾸는 두 번째 원인은, 생각입니다.

과거에 직접 겪은 경험이나, 앞으로 해야 할 일을 골똘히 생각하다 보면, 잠이 들어서도 그것과 관계된 꿈을 꾸게 됩니다.

그렇기 때문에 일부러 꿈을 만들어 낼 수도 있습니다.

특히, 꿈은 꿈을 꾸는 사람만이 그 내용을 알 수 있습니다. 꿈을 꾼 사람이 내용을 말로 표현해 주어야 다른 사람들은 꿈을 짐작할 수 있는 것이지요.

이러한 꿈의 특성 때문에 과학자들은 곤란을 겪을 때가 종종 있습니다.

꿈을 연구하기 위해서는 실험 대상을 사람으로 뽑아야 합니다.

동물들이 꿈을 꾼다고 하더라도, 사람과 동물은 말이 통하지 않기 때문에 꿈의 내용을 알 수는 없기 때문입니다.

꿈을 연구하기 위한 관찰 대상자들을 모집하여 일정한 댓가를 준다고 합시다.

꿈의 실험은, 다른 어떤 실험보다도 관찰 대상자들이 많이 모여듭니다.

주사를 맞지 않아도 되고, 피를 뽑지 않아도 되며, 그저 잠만 자면 되는 일이기 때문입니다. 관찰 대상자로 보자면 세상에서 제일 쉬운 일을 하고 돈을 벌게 되는 것이지요.

그러나 사람에게는 양심이라는 것이 있어서, 잠만 자고 돈을 받기는 좀 민망하다는 생각을 하게 됩니다.

관찰 대상자가 잠에서 깨어나면, 과학자들은 꿈을 꾸었는지를 물어 봅니다.

관찰 대상자는 꿈을 꾸지 않았더라도 꿈을 꾸었다고 고개를 끄덕여 버립니다.

과학자는 꿈의 내용을 말해 달라고 요구합니다. 관찰 대상자는 어쩔 수 없이 꾸지도 않은 꿈을 지어내어서 이야기하게 됩니다. 거짓말을 하게 되는 것이지요.

하지만, 과학자는 관찰 대상자의 말이 진짜인지, 거짓말인지 밝혀 낼 방법이 없습니다.

그러므로 가장 과학적으로 진행되어야 할 꿈의 실험은 자칫 잘못하면 전혀 엉뚱한 거짓의 방법으로 진행되어질 수도 있습니다.

꿈은, 사람에 따라서 나타나는 횟수가 다릅니다.

매일 밤마다 꿈을 꾸는 사람도 있고, 일주일동안 전혀 꿈을 꾸지 않는 사람도 있습니다.

꿈을 잘 꾸는 사람은 꿈을 잘 꾸지 않는 사람보다 하룻밤 사이에 더 많은 꿈을 꿉니다.

즉, 꿈을 잘 꾸는 사람은 하룻밤에도 몇 가지의 꿈을 꾼

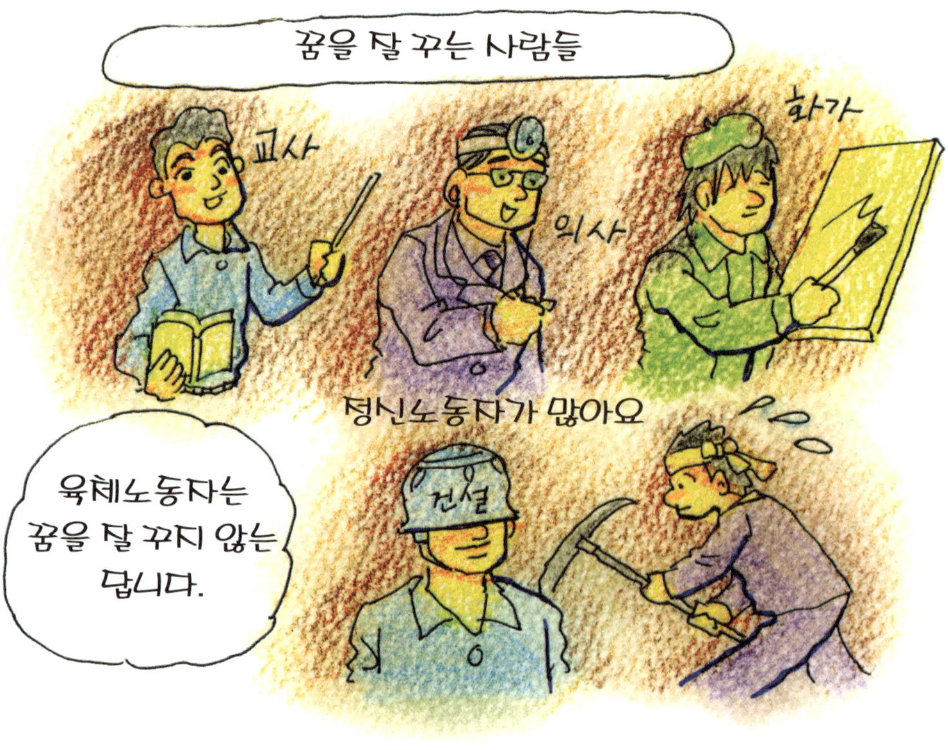

다는 것입니다.

꿈을 많이 꾸는 사람은 밤에 자주 잠에서 깨어납니다.

꿈을 잘 꾸는 사람은 주로 정신노동을 하는 사람들 중에 많다고 합니다.

선생님이나 의사, 학생, 예술가 등은 꿈을 많이 꾸는 사람들입니다. 물론 이러한 직업을 가진 사람들 중에서도 꿈을 전혀 꾸지 않는다는 사람도 있을 것입니다.

꿈은 여러 가지 원인이 복합되어 나타나는 것이기 때문입니다.

육체노동을 하는 사람들은 꿈을 잘 꾸지 않는다고 합니다.

농부나 기술자 등은 잠자리에 들면 깨어날 때까지 잠만 잘 뿐, 여간해서 꿈을 꾸지 않는다는 것입니다.

꿈을 꾸지 않는 사람들은 성격이 둥글둥글하고 낙천적인 특징을 가졌다고 합니다.

신경이 예민하고, 모든 일에 민감하게 반응하는 사람일수록 꿈을 자주 꿉니다.

꿈을 잘 꾸는 사람은 쉽게 잠이 들고, 잠자는 시간도 오래 걸립니다.

"난 이제까지 한 번도 꿈을 꾼 적이 없어!"

이런 말을 자신있게 하는 사람을 가끔 볼 수 있습니다.

그러나 이 사람도 전혀 꿈을 꾸지 않는 것은 아닙니다. 다만 자기가 꾼 꿈의 내용을 기억해내지 못하는 것입니다.

잠을 자고 있는 사람이 갑자기 큰 소리로 뚜렷하게 말을 하는 경우가 있습니다. 잠꼬대를 하는 것입니다.

이럴 때에 잠든 사람을 깨워서 물어 보면, 틀림없이 꿈을 꾸었다고 대답할 것입니다.

잠꼬대를 연구하는 것도, 잠과 꿈의 관계를 알아내는데 중요한 역할을 합니다.

하지만, 잠꼬대는 항상 나타나는 현상이 아니기 때문에, 잠꼬대에 관한 연구는 알려진 것이 적습니다.

잠꼬대를 관찰하기 위해서, 과학자는 밤을 꼬박 새워야 합니다.

잠꼬대를 제일 처음으로 연구한 과학자는 가미야라는 일본 사람입니다.

가미야의 보고에 따르면, 잠꼬대는 서파수면 때 더 많이 나타난다고 합니다.

또, 잠꼬대를 할 때는 몸을 크게 움직이는 특징이 나타난다는 것입니다.

하지만 잠꼬대가 꿈의 내용과 딱 들어맞는 것은 아닙니다.

잠꼬대를 연구한 다른 과학자의 보고는, 가미야의 보고보다 훨씬 자세합니다.

레히트샤펜이라는 과학자도 잠꼬대를 연구하는 사람입니다.

레히트샤펜의 보고에 따르면, 서파수면 때 나타나는 잠꼬대와 역설수면 때 나타나는 잠꼬대는 각각 다른 특징을 갖는다고 합니다.

역설수면 때 나타나는 잠꼬대는, 목소리가 보통 때와 다른 것이 특징입니다.

이 때에 잠든 사람을 깨워서 물어 보면, 분명히 꿈을 꾸고 있을 경우가 많습니다. 꿈의 내용과 잠꼬대의 내용은 거의 들어맞습니다.

역설수면 때 꾸는 꿈은 감정적인 내용일 경우가 많습니다.

그러므로 역설수면 때 나타나는 잠꼬대도, 고함을 지르

거나 울먹이는 등의 감정적인 특징을 나타냅니다.

역설수면 때 꿈을 꾸는 경우에는 거의 몸을 움직이지 않는 것도 특이합니다.

잠이 막 들 무렵에 나타나는 서파수면의 잠꼬대는, 그 사람이 잠들었는지 아닌지를 의심할 정도로 깨어 있을 때의 목소리와 비슷합니다.

잠꼬대의 내용도 실제로 그 사람이 처해 있는 현실과 관련되는 것이 대부분입니다.

이 때에, 잠든 사람을 깨워 물어 보면 꿈을 꾸었는지 안 꾸었는지 잘 모르는 경우가 많습니다.

이처럼 서파수면 때 나타나는 잠꼬대를 기준으로 하여, 서파수면의 꿈을 '사고형의 꿈' 이라고 합니다.

역설수면 때의 꿈은 '몽상형의 꿈' 이라고 하지요.

잠꼬대와 관련되는 다른 과학자들의 연구 결과도 흥미롭습니다.

사람이 말을 할 때 움직이는 근육에 전기 장치를 해 놓고서, 관찰 대상자를 잠재웁니다.

서파수면의 제2도 상태일 때와 역설수면 상태일 때면, 전기 장치가 반응을 보이기 시작합니다.

역설수면때 잠꼬대
안돼!
감정적인 꿈이 많고 목소리도 감정적이죠
서파수면때 잠꼬대
그래 알았어
쿨
현실적인 꿈이 많고 목소리도 평시와 같아요
깨워서 물어보면 잠꼬대와 꿈의 내용이 서로 맞아요
깨워서 물어보면 꿈을 꾸었는지 모르는 경우가 많아요

이 때에 즉시 관찰 대상자를 깨워 꿈을 꾸었는지 물어보는 것입니다.

거의 대부분의 관찰 대상자들은 자기가 꿈을 꾸었으며, 꿈 속에서 말을 하고 있었다고 이야기합니다.

즉, 소리가 밖으로 나오지는 않았지만, 얼굴 근육은 움직이는 것이지요.

잠꼬대는 사람에게만 찾아볼 수 있는 현상입니다.

잠꼬대를 할 때는 뇌의 언어 부분에 해당되는 곳이 활동하고 있습니다.

그러므로 잠꼬대는 어엿한 뇌의 활동 결과라고 말할 수 있습니다.

잠꼬대는 무의식중에 일어나는 현상이지만, 자기가 알고 있는 지식의 한계를 벗어나지는 않습니다.

영어를 모르는 한국 사람이, 무의식상태라고 해서 영어로 잠꼬대를 하지는 않습니다.

그러므로 꿈을 꾸고 있는 동안에, 우리의 뇌는 활동을 하고 있다고 말할 수 있을 것입니다.

다만 우리 몸의 조직들이 쉬고 있는 상태이기 때문에, 깨어 있을 때보다 늦게 반응될 뿐이지요.

잠꼬대는 말에 의해서 나타나기 때문에, 사람 이외에는 잠꼬대를 한다고 말할 수 없습니다.

물론 동물의 경우에서도 잠꼬대와 비슷한 현상은 찾아볼 수 있습니다.

강아지가 잠자는 것을 지켜보고 있노라면, 이러한 현상을 쉽게 관찰할 수 있습니다.

강아지는 분명히 눈을 감고 자는 상태인데도, '끄응, 끄응' 하고 신음소리를 내거나, 때때로는 큰 소리로 짖기도 합니다.

아마도 강아지는 꿈을 꾸고 있을 것입니다. 꿈 속에서 어디를 다쳤거나, 아니면 낯선 사람을 보았을런지도 모릅니다.

고양이의 경우도 마찬가지입니다.

고양이도 잠을 자면서 '갸르릉, 갸르릉' 하는 소리를 내거나, '야옹' 하고 정확하게 울기도 합니다.

이 때의 고양이를 자세히 관찰해 보십시오.

고양이의 눈알이 움직이고 있거나, 꼬리나 다리, 수염 등이 움직이고 있을 것입니다.

이러한 증상이 관찰되면, 고양이의 잠은 역설수면 상태

라고 말할 수 있을 것입니다.

동물의 잠꼬대는 사람의 잠꼬대와 조금 다릅니다.

사람의 잠꼬대는 역설수면과 서파수면에서 모두 나타나지만, 동물의 잠꼬대는 역설수면 때만 나타납니다.

꿈은 대체적으로 보는 광경이 많지만 때때로 소리를 듣거나 말하는 경우도 있습니다.

아주 가끔씩은 꿈에서 냄새를 느낄 때도 있습니다.

꿈은 경험에 의한 것이므로, 눈이 먼 장애자는 보는 꿈을 꾸지 않습니다.

처음에는 사물을 바라보았다가, 어떤 사고로 인해서 장님이 되었다면, 물론 그 사람은 보는 꿈을 꿀 수 있습니다.

오히려 눈이 좋은 사람보다 더 많이 보는 꿈을 꿀지도 모릅니다.

눈이 보이지 않으면, 더욱 사물을 보고 싶어하는 마음이 생길 테니까요.

그러나 태어날 때부터 장님인 사람은 보는 것이 무엇인지 알지 못합니다.

이러한 사람들은 주로 듣는 꿈을 꾸게 됩니다.

보통 사람들은 소리로만 된 꿈을 꿀 수 없습니다.

하지만 눈이 보이지 않는 사람들은 귀로 들리는 소리들을 모아 사물을 판단합니다. 그래서 꿈도 들리는 꿈을 꿀 수 있는 것이지요.

꿈은 사람의 생각에 따라 꾸어질 수 있는 것이므로, 일부러 꿈을 꾸기 위해서 자기 암시를 하는 사람도 많습니다.

이러한 사람들을 '꿈의 예술가', 혹은 '꿈의 마술사'라고 부릅니다.

꿈을 꾸기 위해서 생각을 만드는 사람들 중에는 예술가가 많습니다.

화가라면, 자기가 그리고 있는 생각을 직접 나타내기 위해서 제일 먼저 꿈을 꿀 것입니다. 화가의 꿈은 보는 꿈이라고 말할 수 있을 것입니다.

음악가라면, 자기가 어렴풋이 생각하고 있는 음들을 꿈속에서 소리로 연결시켜 볼 수 있을 것입니다.

음악가의 꿈은 주로 듣는 꿈이겠지요.

이러한 꿈의 특징을 이용하여, 프랑스의 꿈 연구가 모리는 여러 가지 꿈을 만들어 내기도 하였습니다.

여러분들도 앞으로 하고자 하는 일을 열심히 생각하여 꿈으로 만들어 보십시오. 무척 신기한 체험을 하게 될 것입니다.

두 가지 꿈

역설수면이 발견된 이후 잠에는 두 가지 종류가 있다는 것이 밝혀졌습니다.

역설수면이 처음 발견되었을 때, 과학자들은 역설수면 때만 꿈을 꾼다고 생각하였습니다.

사람이 잠자는 시간 중에서는 서파수면보다 역설수면의 양이 더 많습니다.

그래서 과학자들은 '꿈을 꾸기 위해서 잠을 잔다' 라고까지 생각하기도 하였습니다.

그러나 잠에 대한 연구가 계속됨에 따라, 꿈은 서파수면 때도 꾼다는 사실이 밝혀졌습니다.

잠의 종류가 두 가지로 나누어짐에 따라 꿈의 종류도

두 가지로 나누어지게 되었습니다.

서파수면 때 꾸는 꿈과, 역설수면 때 꾸는 꿈입니다.

이 두 가지 꿈은 각각 특이한 성질을 가지고 있습니다.

한 과학자는 서파수면 때에 꿈을 꾸는 듯한 사람을 깨워서 이렇게 물어 보았습니다.

"지금 꿈을 꾸셨지요?"

잠에서 깨어난 사람은 어리둥절한 표정으로 이렇게 대답했습니다.

"꿈을 꾸었느냐구요? 아니오. 전 꿈을 꾸지 않았는데요."

과학자는 끈질기게 물어 봅니다.

"방금 잠꼬대를 하시던데요?"

과학자의 완강한 태도에 관찰 대상자는 다시 생각을 가다듬어 봅니다.

"잠꼬대를 했다구요? 전 꿈을 꾸지 않은 것 같은데 참으로 이상한 일이군요. 전 단지 무엇에 대해서 생각을 하고 있었을 뿐이에요."

이처럼 서파수면 때 꾼 꿈은, 꿈이라기보다 확실한 생각으로 기억될 때가 많습니다.

그래서 서파수면 때 꾸는 꿈을 '사고형의 꿈' 이라고 합니다.

역설수면 때 꾸는 꿈은 이와 다릅니다.

간단하게 말하자면, 역설수면 때 꾸는 꿈은 줄거리가 있는 꿈입니다.

역설수면 때 꾸는 꿈은 등장인물도 있고, 사건도 발생합니다.

그래서 역설수면 때의 꿈을 '몽상형의 꿈' 이라고 말합니다.

역설수면 때 꾸는 몽상형의 꿈은 5분에서 10분까지 진행됩니다.

몽상형의 꿈이 한번 끝나고 나면, 잠든 사람은 정신을 차리는 경우가 많습니다.

잠을 자다가, 눈을 번쩍 뜨고 깨어 '아, 내가 꿈을 꾸었구나' 하고 깨닫는다면, 분명히 몽상형의 꿈을 꾸었을 때입니다.

서파수면 때 꾼 사고형의 꿈은, 깨어날 무렵에 꾼 것이라야 내용을 기억할 수 있습니다.

몽상형의 꿈에는 자기가 전혀 예상할 수 없는 내용이 나타나기도 합니다.

꿈에 나타난 등장인물도 전혀 알지 못하는 사람이고, 벌어지고 있는 일들도 자기와는 상관없는 경우일 때가 있습니다.

이러한 일은 아주 오래 전에 있었던 일이 뇌의 한구석에 기억되어 있다가 새롭게 나타나는 경우일 때가 많습니다.

사람의 기억은 한계가 있기 때문에 살아오면서 겪은 모든 일을 기억할 수는 없습니다. 중요한 일은 기억하고, 어느 정도의 일은 어떠한 말을 들었을 때만 생각나도록 기억창고에 저장되어 버립니다.

별로 중요하지 않은 기억들은 뇌의 깊숙한 세포 속에 파묻혀 버리기도 합니다.

이러한 기억들은 두 번 다시 생각나지 않고 죽을 때까지 그대로 파묻혀 버릴 수도 있습니다.

그러나 가끔씩은 몽상형의 꿈에 등장하여, 오랜만에 그 모습을 드러내는 것이지요. 정작 주인은 알아보지 못하더라도 말입니다.

어떤 사람은 아주 어렸을 때 꾸었던 몽상형 꿈의 정체를 몇 십년이 흐른 뒤에야 깨닫기도 합니다.

왜 이런 일이 일어났는지에 대해서 과학자들은 열심히 연구하고 있지만, 아직 확실하게 밝혀진 사실은 없습니다.

꿈의 내용은 깨워 주는 사람에 따라 달라질 수도 있습니다.

샤피로라는 과학자의 연구 발표에 의하면 잠든 사람을 급하게 깨웠을 때와 천천히 깨웠을 때의 결과가 다르게 나왔다고 합니다.

잠든 사람을 급하게 깨워서 꿈의 내용을 말해 보라고 하면, 그 사람은 몽상형의 꿈을 이야기합니다.

그러나 잠든 사람을 천천히 깨워서 꿈의 내용을 물어보면, 관찰 대상자는 체계적으로 사고형의 꿈을 이야기합니다.

잠을 자기 전에 형성된 주위의 환경도 꿈을 꾸는데 중

요한 영향을 미칩니다.

납량특집 드라마를 보다가 잠이 든 사람은 몽상형의 꿈을 많이 꿉니다.

이 경우에, 관찰 대상자는 오랜 시간동안 잠을 자고, 잠을 자다가 자꾸 깨어나기도 합니다.

꿈꾼 내용을 물어 보면, 정확히 무슨 내용의 꿈을 꾸었는지 알지 못하는 때도 많습니다.

관찰 대상자가 자고 있는 방의 환경도 꿈의 내용에 영향을 미칩니다.

오누마라는 과학자가 연구한 결과에 의하면, 연구실에 와서 잠을 자는 경우와 자기 집에서 잠을 자는 경우에 꾸는 꿈의 내용이 제각기 달랐다고 합니다.

이처럼 연구실과 집에서 꾸는 내용이 다르게 나타나는 이유는 정신적인 차이가 있기 때문입니다.

과학자가 남자냐, 여자냐에 따라서 꿈의 내용이 달라지기도 합니다.

만일 꿈을 연구하는 과학자가 여자이고, 관찰 대상자가 남자라면 꿈은 불안한 내용일 때가 많다고 합니다.

그렇다면, 사람은 도대체 몇 살 때부터 꿈을 꾸는 것일까요?

꿈을 처음 꾸는 시기는 말을 하기 시작할 때라고 합니다.

꿈은 말로 표현되어져야 하는 것이므로, 말을 하기 전에는 꿈을 꾸었는지 꾸지 않았는지 알 수 없는 일이지요.

나이가 어릴수록 역설수면 때 꿈을 많이 꿉니다.

또한 막 잠들기 시작한 서파수면의 제1도 단계에서도 꿈을 꾸는 경우가 있다고 합니다.

나이가 많아질수록 꿈은 더 많이 꾸게 됩니다. 꿈을 꾸도록 만들어지는 원인을 많이 접하게 되기 때문입니다.

꿈의 내용으로 몸의 아픈 곳을 진단할 수도 있습니다.

"꿈은 오장이 피로하기 때문에 꾸는 것이다."

어른들 중에 꿈에 대해서 이렇게 말씀하시는 것을 들을 때가 있습니다.

오장이란, 심장, 폐, 간, 비장, 신장을 통틀어 일컫는 말입니다.

이 다섯 개의 기관 중에 하나가 고장이 나면, 그것에 해당하는 내용의 꿈을 꾼다는 것입니다.

그래서 꿈의 내용에 따라 병을 진단해 내는 것입니다.

잠든 사람을 급하게 깨우면...
몽상형의 꿈을 얘기하죠
천천히 깨우면...
사고형의 꿈을 얘기해요
이상하게 연구실에서 잘때와 집에서 잘때의 꿈이 달라

이것은 동양의학에서 사용되는 병의 진단법입니다.

중국에서 제일 오래되었다는 의학서인 〈황제내경〉이라는 책에는 꿈을 통해서 병을 진단하는 방법이 설명되어 있습니다.

"배가 물에 가라앉아 뱃사람이 물에 빠지는 꿈을 꾸면, 신장이 나빠진 것이다. 음식이 모자라는 꿈을 꾸면 내장에 병이 생긴 것이다…."

꿈을 통해서 병을 진단하는 것은 동양에서만 쓰인 방법은 아닙니다.

서양의 유명한 철학자 아리스토텔레스도 꿈을 이용하여 몸의 상한 곳을 찾아내었다고 전해집니다.

"만일 불 속을 헤쳐나가는 꿈을 꾸었다면, 그것은 몸에 열이 있기 때문이다…."

이러한 생각을 이어받아 연구한 사람은 유명한 정신분석학자 프로이트입니다.

프로이트는 〈꿈의 판단〉이라는 책에서 이렇게 설명합니다.

"심장병을 앓고 있는 사람은 아주 짧고 무서운 꿈을 꾼다. 폐결핵 환자는 숨이 막혀 죽는 꿈을 많이 꾼다. 위가 나쁜 사람은 음식이 아닌 다른 물건을 먹었다가 토해 내는 꿈을 꾸기도 한다……."

과학자들은 새로운 사실을 연구하기 위해서 몰두하기 때문에, 규칙적인 생활을 하지 못하는 경우가 많습니다. 그래서 갖가지 병에 걸릴 확률이 보통 사람보다 높은 셈이지요.

꿈과 병에 관한 연구는 과학자들의 직접 체험에서 나온 것이 많습니다.

그러므로 어느 정도는 믿어도 될 것입니다.

몸의 어떤 부분에 이상이 생겼는데도 사람이 알아차리지 못하면, 이상이 생긴 기관은 꿈을 통하여 자기의 주인에게 위험경보를 보낼지도 모릅니다.

그러므로 꿈은 각 기관의 변호사라고 말할 수도 있을 것입니다.

태어나자마자 시작되는 잠인 역설수면은 죽을 때까지 계속됩니다.

그래서, 역설수면을 생명의 기본적인 리듬이라고 말하기도 합니다.

생명의 기본적인 욕구는 먹는 것과 관계되는 것들입니

다. 먹고, 소화시키고, 흡수하고, 배출하는 과정이지요.

이 일에 관계되는 몸의 기관들이 바로 오장이라고 설명할 수 있습니다.

배가 고프면 잠이 오지 않는 것도 살아가기 위해서 기본적으로 갖추어져야 할 부분이 채워지지 않았기 때문이지요.

관찰 대상자를 통해서 꿈을 연구하는 일은 무척 어려운 일입니다.

잠을 자면서 꿈을 꾸는 관찰 대상자가 꿈을 다 꾼 뒤에 스스로 알아서 깨어날 수는 없습니다.

관찰 대상자는 그저 편안한 자세로 잠을 자기만 하면 임무가 끝납니다.

꿈을 꾸고, 꾸지 않고 하는 일은 자기의 마음대로 되어지기 힘든 일이기 때문에, 자연히 꿈을 꿀 수 있도록 마음을 정리하는 길밖에 다른 방법이 없습니다.

꿈의 실험에 있어서, 관찰 대상자의 임무가 가벼운데 비해서, 과학자들의 임무는 무척 어렵습니다.

잠든 상태의 관찰 대상자와 뇌파 기록 장치를 지켜보면서, 꿈이 끝났다 싶으면 적절한 때에 관찰 대상자를 깨워야 하기 때문입니다.

역설수면 때 꾸는 몽상형의 꿈은 30분 정도 계속되는 것도 있습니다.

그러므로 관찰 대상자를 잘못 깨웠다가는 꿈이 끝나기도 전에 잠에서 깨우는 결과도 생깁니다.

과학자들은 관찰 대상자의 잠든 모습을 지켜보고 있다가, 관찰 대상자의 눈알이 재빨리 움직이기 시작하면 잠을 깨웁니다.

이것은 하나의 꿈이 끝났다는 신호이기도 합니다.

대체적으로 역설수면의 중간 단계에 이르렀을 때 관찰 대상자를 깨우는 것이, 꿈의 내용을 듣기에는 유리합니다.

역설수면이 끝난 뒤에는, 시간이 흐를수록 꿈의 내용은 잊어지게 마련입니다.

한밤중에 잠을 자다가 재미있는 꿈을 꾸어서 잠을 깰 때가 있습니다.

"이건 꼭 기억해 두었다가, 내일 친구들에게 이야기해 줘야지."

이렇게 생각하고 다시 잠이 듭니다.

아침이 되어 잠에서 깨어나면, 분명히 어젯밤에 재미있는 꿈을 꾸었다는 사실은 생각납니다. 하지만 그 꿈의 내용이 무엇이었는지는 도저히 기억해 낼 수 없을 때가 있습니다.

이것은 잠을 자는 동안의 뇌가 기억 능력이 약해지기 때문입니다.

그러므로 정말 잊어버리기 아까운 꿈을 꾸었다면, 잠에서 깨어났을 때 얼른 적어 두는 것이 좋을테지요.

우리가 잠에서 막 깨어났을 때 생각나는 꿈의 내용은, 깨어나기 직전에 꾼 꿈에 불과합니다.

하룻밤에 꾸는 꿈은 한두 가지가 아니기 때문입니다.

어떤 사람은 잠을 자고 일어나서 총천연색 꿈을 꾸었다고 자랑스럽게 말하기도 합니다.

보통 사람은 꿈을 꾸면서 색깔을 느끼지는 못합니다.

하지만 색을 다루는 사람들, 즉 화가, 디자이너, 무대감독 같은 사람들은 꿈 속에서도 색깔을 느낀다고 합니다.

평생동안을 총천연색 꿈이라고는 단 한 번도 꾸어보지 못하는 사람도 있습니다.

그러나 매일 밤마다 총천연색으로 펼쳐지는 꿈을 꾼다고 주장하는 사람도 있습니다.

총천연색 꿈에 대해서 오스왈드라는 과학자는 이렇게 설명합니다.

"꿈이라는 것은 자고 있는 상태에서 생각이 진행되는 현상입니다. 그러므로 어떤 사람의 꿈은 그 사람만이 가진 독특한 기준으로 이어집니다. 평소에 색깔에 관심을 가지고 있는 사람이라면 당연히 꿈도 총천연색으로 꾸겠지요. 하지만 깨어 있을 때도 색깔에 관심이 없었다면, 꿈이라고 해서 색깔이 나타나지는 않겠지요."

오스왈드의 생각에는 일리가 있습니다.

여러분 중에서도 총천연색으로 꿈을 꾸는 사람과, 흑백으로 꿈을 꾸는 사람이 있는 것입니다.

아직 총천연색 꿈을 꾸어보지 못하였다면, 깨어있을 때부터 색깔에 관심을 가지십시오.

오줌싸개와 최면술과 몽유병

잠을 자고 있는 동안에, 우리의 몸은 많은 일을 해 낸다는 것을 알게 되었습니다.

그 중에서 가장 신비로운 일은 뇌의 활동으로 일어나는 꿈일 것입니다.

꿈의 내용을 통해서 병을 진단해 내는 의사들도 있다지만, 우리의 실제 생활에서도 이와 비슷한 예를 쉽게 찾아볼 수 있습니다.

바로 오줌싸개입니다.

용변을 가릴 줄 아는 어린이들도 가끔씩은 이불에 오줌을 싸 버리고 맙니다.

이러한 증상이 매일 밤마다 일어나면 이것도 병의 한

가지가 됩니다. '야뇨증' 이라는 병이지요.

밤에 잠을 자면서 이불에 오줌을 싸는 사람들을 초대하여 이야기를 나누며 연구한 과학자들이 있습니다.

오줌싸개는 4살에서 12살까지의 어린이들 사이에서 주로 일어나는 현상이지만, 가끔씩은 다 큰 어른에게도 일어날 때가 있습니다.

특히 술을 많이 마시고 들어와서 골아 떨어진 어른들 중에는 어린이 못지 않게 실례를 하는 사람도 있다고 합니다.

잠을 자면서 오줌을 싼 어린이들에게 꿈을 꾸었는가 하고 물어 보았습니다.

대부분의 어린이들이 물과 관계된 꿈을 꾸었다고 대답했습니다.

꿈 속에서도 오줌을 쌌다고 대답하는 어린이가 있는가 하면, 시냇물에서 재미있게 놀고 있는 꿈을 꾸었다고 대답하는 어린이도 있었습니다.

어떤 어린이는 꿈 속에서 오줌을 쌌을 때는 실제로 무사히 넘어갔는데, 물과 관련된 다른 꿈을 꾸기만 하면 실제로 이불에 오줌을 싼다고 말했습니다.

오줌싸개의 꿈은 불과 관련될 때도 많습니다.

미국에서 조사된 연구 결과에 의하면, 야뇨증이 있는 어린이들의 절반 이상이 역설수면 때 꿈을 꾸고 있었다고 합니다.

5살에서부터 9살까지의 어린이 14명이 이 실험에 참가하였습니다. 14명 중에 9명의 어린이가 역설수면 때 꿈을 꾸고 있었습니다.

이 어린이들의 꿈은 의외로 불에 관계된 내용이 많았습니다.

어떤 집에 큰 불이 나서 소방차가 사이렌을 울리며 달려가고 있었다든지, 전쟁터에서 총들이 불을 뿜으며 발사되고 있었다는 등의 내용이었습니다.

우리 나라에서도 불과 오줌이 관계된 유명한 말이 있습니다.

"불장난하면 밤에 자다 오줌싼다!"

이 말이 옳은지 틀린지에 대해서는 아직 구체적으로 연구되어진 적이 없기 때문에 뭐라고 판단을 내릴 수 없습니다.

미국 어린이들을 관찰 대상자로 삼아 실험했던 연구에

서도, 어린이들이 불에 관계된 꿈을 꾸었을 때 오줌을 쌌는지는 알려지지 않았습니다.

오줌을 싸는 것과 관련된 꿈의 내용이 불에 대한 것이든, 물에 관련된 것이든지간에, 오줌싸개는 꿈과 관련된 것이 분명한 사실인 듯합니다.

또한 꿈을 꾸었기 때문에 오줌을 싼 것인지, 아니면 오줌을 싸서 꿈을 꾸는 것인지, 이 점 또한 의문입니다.

어쨌든, 오줌싸개에게는 절대로 매가 약이 되지 않습니다.

오줌을 쌌다고 해서 야단을 맞거나, 매를 맞는다면, 그 어린이는 마음이 더욱 위축되어 오줌싸개에서 벗어나지 못할 것입니다.

그러므로 오줌싸개에게는 좋은 말로 타일러 주는 것이 매를 때리는 것보다 훨씬 좋은 효과를 볼 수 있을 것입니다.

오줌을 싸서는 안 된다는 주의를 자꾸 듣다 보면, 나중에는 그 말이 자기 암시로 뇌에 기억됩니다.

이 때 즈음 되면, 오줌싸개는 오줌이 마려울 때 스스로 잠에서 깨어나게 되지요.

자기 암시에 의해서 잠에서 깨어나는 경우도 있지만, 이와는 반대로 암시에 의해서 잠으로 빠져드는 경우도 있습니다. 이러한 기술을 최면술이라고 합니다.

최면의 역사는 아주 오래 전부터 거슬러 올라갑니다. 부족을 이루고 살던 선사시대부터 최면술은 병을 치료하는 기술로 사용되었습니다. 현대의 최면술은, 정신병을 치료하는데 주로 쓰이고 있습니다.

이처럼 최면의 특성을 이용하여 병을 고치는 것을 '최면 요법' 이라고 합니다.

최면술을 최초로 연구한 사람은 메스머입니다.

메스머의 연구를 이어 받아, 영국의 브레이드라는 사람은 최면술과 심리학을 연결하였습니다. 이 때는 19세기 중엽이였지요.

최면술을 실험하기 위해서는 두 사람이 있어야합니다. 최면을 걸어 줄 사람과, 최면에 걸릴 사람이지요.

최면을 걸어 주는 사람을 '시술자' 라고 부르며, 최면에 걸릴 사람을 '피시술자' 라고 부릅니다.

시술자는 피시술자의 마음이 편안해지도록 부드러운 대화를 나눕니다.

피시술자가 어느 정도 안정되면, 시술자는 피시술자에게 큰 심호흡을 몇 번 하도록 도와 줍니다.

그 다음에는, 피시술자에게 벽에 그려 놓은 점 하나를 가만히 쳐다보도록 시킵니다.

피시술자의 기분이 서서히 가라앉으면, 시술자는 조용하고 낮은 목소리로 암시를 일러 줍니다.

하고자 하는 암시를 계속 되풀이해서 일러 주면, 피시

술자는 서서히 최면 상태로 들어갑니다.

이러한 최면현상은 사람에 따라 다 다르게 나타납니다.

남자보다는 여자가 더 최면에 잘 걸리고, 어린이는 최면에 잘 걸리지 않습니다.

동물이나 곤충도 최면술에 걸려드는데 동물의 최면은 사람의 최면과는 조금 다릅니다.

꿈에 관련된 병으로 몽유병을 빼 놓을 수는 없습니다.

몽유병은 잠을 자다가 벌떡 일어나서 돌아다니는 병입니다.

〈알프스의 소녀 하이디〉를 읽은 어린이라면, 몽유병이 무엇인지 잘 알고 있을 것입니다.

주인공인 하이디가 아름 할아버지가 계신 알프스의 산을 떠나 대도시 프랑크푸르트로 가서 얻은 병이지요.

이모에게 강제로 끌려간 대도시 프랑크푸르트는 알프스의 산 속에서 염소와 뛰놀며 자유롭게 놀던 하이디에게 무척 낯설고 힘든 곳이었습니다.

하이디는 매일 밤마다 알프스의 산들과 아름 할아버지의 꿈을 꿉니다.

알프스에서의 생활이 너무나 그리웠기 때문입니다. 결

국, 알프스의 꿈을 꾸던 하이디는 꿈에서 깨어나지 않은 채 벌떡 일어나 사방을 헤매어 다니게 되었던 것입니다.

하이디의 몽유병은, 그리운 알프스로 돌아가게 되자, 씻은 듯이 나았습니다.

꿈이라는 것은 평소에 겪었던 일이나 깊이 생각하고 있던 사실에서 비롯되기 때문에, 몽유병을 치료하기 위해서는 정신적인 원인을 찾아 내어야 합니다.

〈알프스의 소녀〉에서 나오는 하이디의 몽유병에서도 이러한 사실이 증명됩니다.

몽유병에 걸린 사람은 자다 말고 일어나 부지런히 움직이지만, 자기 자신은 그 사실을 전혀 느끼지 못합니다.

몽유병에 걸린 사람이 나타내는 증상은 여러 가지입니다.

세상모르게 잠에 빠져 있다가 벌떡 일어나 행동하는 것을 보면, 잠에서 완전히 깬 사람처럼 보입니다.

하지만 몽유병 환자의 행동은 어딘가 좀 이상합니다. 마치 발을 땅에 딛지 않고 공중을 떠다니는 것처럼 이상한 느낌을 줍니다.

몽유병 환자는 전등을 부지런히 켰다 껐다 하면서 방안을 이리저리 돌아다니기도 합니다.

가끔씩은 부스럭거리며 책상 서랍을 정리하기도 하고, 낮에 하던 일을 천연덕스러운 표정으로 계속할 때도 있습니다.

이렇듯 생생한 자세로 움직이더라도 잠깐의 시간이 흐르면 다시 잠자리로 되돌아와 죽은 듯이 깊은 잠에 빠집니다.

다음 날 아침, 잠에서 깨어난 몽유병 환자는 간밤에 자기가 무슨 행동을 했는지 전혀 알지 못합니다.

복잡한 증세를 보이는 몽유병 환자는 처리 곤란일 때도 있습니다.

군인이 직업인 한 몽유병 환자는 매일 밤마다 마굿간의 말을 끌어 내어 두세 시간씩 타고 돌아다닌다고 합니다. 뿐만 아니라, 위험한 지붕의 처마 위를 걸어다니거나, 험한 벼랑을 밤새도록 타고 내리기도 한다니, 정말 이상한 일입니다.

몽유병 환자가 발작하고 있을 때에는 정면에 놓인 광경만을 쳐다볼 수 있다고 합니다.

그래서, 몽유병 환자는 곧장 앞으로 앞으로 행진합니다. 발 밑에 무엇이 걸리던지, 아니면 옷자락이 찢어지던지 전혀 알지 못하는 것이지요.

몽유병 환자를 발작에서 깨어나게 하려면, 옆에서 큰 소리로 이름을 불러 주던지, 어깨 등을 세게 때려주어야 합니다.

찬물을 얼굴에 끼얹어 주는 것도 좋은 방법입니다.

몽유병은 잠을 자다가 자동적으로 생기는 운동현상을

부르는 말입니다.

그러나 몽유병 현상이 항상 잠을 자다가 일어나는 것은 아닙니다.

대낮에 잠을 자지 않고 있다가 갑자기 몽유병 증상을 나타내는 사람도 있습니다.

한참동안 일에 열중해 있다가, 갑자기 무엇에 흘린 것처럼 스르르 일어나서 어디론가 무작정 가는 것이지요. 이러한 현상을 '각성 몽유'라고 합니다.

우리 나라의 옛날 이야기에 자주 등장하는 것으로, 귀신에 홀렸다거나 도깨비에게 끌려다녔다는 현상들은 어쩌면 이 각성 몽유에 해당하는 증상이었는지도 모릅니다.

몽유병 환자 중에는, 그 증상이 아주 심하여 큰 사고를 낸 사람도 있습니다.

몽유병에 걸린 한 사람은, 발작을 일으킬 때마다 닥치는 대로 불을 지르고 다녔다고 합니다.

또다른 몽유병 환자는 사람을 죽이기까지 하여, 사람들을 무서움에 빠뜨리기도 하였습니다. 이 사람은 총을 가지고 있다가 몽유병이 발작되어, 닥치는 대로 총을 쏘아 대었던 것입니다.

이 몽유병 환자는 자기가 쏜 총 소리에 놀라 금방 발작에서 깨어났습니다. 그리고는 자기 눈앞에 벌어진 처참한 광경에 넋이 빠져 버렸다고 합니다.

몽유병이 발작될 때는, 환자가 자기의 행동을 깨닫지 못하기 때문에 스스로 저지른 행동을 믿지 못하는 경우가 대부분입니다.

몽유병 환자는 자기 정면에 펼쳐진 광경만을 볼뿐입니다. 이와 마찬가지로 몽유병 증상과 관계되는 소리만을 듣는다고 합니다.

몽유병은 잠과 꿈에 관련된 아주 이상하고도 불가사이한 병입니다.

몽유병의 치료를 위해서 제일 많이 쓰이는 방법은 심리요법인데, 최면술도 한몫을 차지하고 있습니다.

잠에 얽힌 병은 잠으로 치료하는 것이 재미있습니다.

잠과 꿈은 우리의 생활과 따로 동떨어진 것이 아닙니다.

오히려 우리의 평소 생활을 가장 정직하게 나타내어 주는 것이라고 말할 수 있습니다.

깨어 있을 때에는, 상대방에게 숨기고 싶은 사실을 표

시하지 않고 마음껏 숨길 수 있습니다. 그러나 일단 잠이 들면, 우리의 생각은 아무것에도 방해받지 않고 자유롭게 활동합니다.

그래서 몽유병 같은 현상이 생겨나는 것입니다.

그리이스 신화에 보면, 밤과 잠을 주관하는 신들이 나옵니다

밤을 다스리는 신은 '닉스' 입니다.

그리스 신화에 따르면, 아무것도 생겨나지 않은 때의 세상을 '카오스' 라고 불렀다고 합니다. 카오스란, 모든 것이 뒤죽박죽 섞여 있는 혼돈 상태라는 말입니다.

이 혼돈의 상태에서, 어둠의 신과 밤의 신이 빠져나왔습니다. 어둠의 신은 '에레보스' 라고 합니다.

세상에서 가장 먼저 생긴 어둠의 신과 밤의 신은 많은 자식들을 낳았습니다. 낮의 신인 '라' 와 푸른 하늘의 신인 '아이테르' 가 가장 먼저 태어났습니다.

이에 뒤질세라 태어난 신이 늙음의 신 '게라스 '와 죽음의 신 '모로스' , 그리고 잠의 신 '휘프노스' 입니다.

잠의 신 '휘프노스' 에게는 커다란 날개가 달려있다고 합니다. 휘프노스는 그 커다란 날개를 부드럽게 흔들어

모든 만물을 잠재운다고 합니다.

잠의 신인 휘프노스가 어둠과 밤의 자식이니, 밤이 되어 잠을 자는 현상은 태초부터 정해진 이치일지도 모릅니다.

휘프노스는 낮의 신과 푸른 하늘의 신과 형제이므로 깨어 있을 때와도 깊은 관련을 맺게 마련이지요.

신기한 꿈의 여행

2013. 12. 5 인쇄
2013. 12. 10 발행

엮은이 대한과학진흥회
펴낸이 신 주 황
펴낸곳 스완미디어
등록 제2-4534호
주소 서울 · 중구 만리동1가 12-33 태영빌딩
대표전화 02) 393-0026
팩스 02) 312-8349

ISBN 978-89-92565-32-5

값 8,500원